FEMMES DE RÉVOLUTION

De la même autrice

Un premier exil libertaire
Les anarchistes français à Londres, 1880-1914
Libertalia, 2024

TRAVERSE

CONSTANCE BANTMAN

FEMMES DE RÉVOLUTION

PORTRAITS D'ACTIVISTES QUI ONT CHANGÉ LE MONDE

SEUIL

Ce livre est publié dans la collection
« Traverse »
dirigée par Ivan Jablonka

ISBN 978-2-02-151959-4

www.seuil.com

INTRODUCTION

PENSER LES RÉVOLUTIONS AU FÉMININ

Robespierre, Proudhon, Lénine, Martin Luther King, vous en avez entendu parler. Mais Théroigne de Méricourt, Emma Goldman, Alexandra Kollontaï, Claudette Colvin ?

Les femmes sont depuis toujours des actrices à part entière des luttes révolutionnaires. Elles se sont battues pour la justice dans la rue, dans les assemblées et les réunions politiques, au front, dans les guérillas, en mer, en prison, etc. Elles ont pris leur plume ou leur clavier pour écrire les livres, articles, essais, manifestes, slogans et tweets qui font les révolutions. Elles sont allées jusqu'à tuer, ont pris le risque de se faire tuer, d'être torturées, déportées ou emprisonnées. Et pourtant, elles ont rarement accédé au pouvoir, à la reconnaissance ou la postérité pour leur action. Sur les monuments, dans les œuvres d'art, les manuels d'histoire et les imaginations collectives, la révolution reste une affaire d'hommes ; comme la guerre, elle demeure associée à l'idéal de « fraternité », à l'émancipation « de tous les hommes » et aux valeurs prétendument masculines de force et de courage.

À travers une vision et des récits différents, ce livre permet de (re)découvrir de grandes femmes de révolution, et de mettre en valeur la richesse et l'efficacité de l'activisme féminin. Il explore une petite partie de l'histoire des femmes en révolution depuis la fin du XVIIIe siècle et raconte une histoire des révolutions au prisme du féminin.

Ce prisme féminin et féministe apporte d'autres perspectives sur l'histoire des combats pour le progrès et l'égalité politique, civile et économique. L'action révolutionnaire des femmes, la transgression et la remise en cause des injustices, qui occupent le devant de la scène dans les grandes mobilisations politiques et sociales actuelles, sont des phénomènes très anciens. Notre parcours débute avec la Révolution française et les révolutions atlantiques. Cette période marque un tournant décisif dans la lutte des femmes pour les droits politiques et civils, durant lequel sont formulées des idées féministes ; le terme, employé dans son sens actuel à partir des années 1880, n'existe pas encore à l'époque, mais ses contenus sont bien présents, d'où son utilisation ici. Malgré ses limites et le retour brutal à l'ordre patriarcal qui lui fait suite, la fin du XVIIIe siècle est un grand moment de prise de conscience et d'activité, qui change radicalement les objectifs et les méthodes de l'activisme féminin.

Les portraits rassemblés ici permettent de revisiter plusieurs des secousses révolutionnaires et des transformations de fond qui ont agité le monde occidental depuis 1789 : les révolutions de 1848, l'abolition de l'esclavage, les révolutions russes de 1905 et de 1917, la guerre d'Espagne de 1936-1939, le mouvement pour les droits civiques aux États-Unis dans les années 1950, les décolonisations arrachées de haute lutte au lendemain de la Seconde Guerre mondiale, jusqu'à notre époque, avec les mobilisations contre les violences de genre, pour les droits LGBTQ+ et ceux des réfugié.es, où le rôle majeur des femmes est enfin au premier plan.

Le parcours s'achève avec le collectif féministe intersectionnel Ni Una Menos (« Pas une [femme] en moins »), créé en Argentine en 2015 à la suite du meurtre d'une adolescente par son compagnon. Désormais actif dans presque toute l'Amérique latine et bien au-delà, avec d'importantes victoires à son crédit, Ni Una Menos se bat contre les féminicides, pour le droit à l'avortement et pour un large éventail de causes, notamment environnementales.

La violence politique féminine

Quatre fils rouges lient ces histoires d'activisme sur plus de deux siècles. Le premier est la violence des femmes et les façons dont elles sont perçues. La révolutionnaire chinoise Qiu Jin, la moudjahida algérienne Djamila Bouhired et Phoolan Devi, cheffe de bande armée indienne, recourent à la violence ; mais tandis que la force et la violence politiques masculines sont souvent présentées comme un mal nécessaire ou tout bonnement glorifiées, les destins évoqués ici montrent que la violence et la transgression féminines sont presque toujours stigmatisées et présentées comme non légitimes et dangereuses pour la société.

Pourtant, sans magnifier ni même valoriser la violence, il est important de rendre visible cette violence féminine, de représenter différents modèles du féminin et de redonner à cette forme d'action toute sa dimension politique. Cela permet de dépasser les rôles genrés simplistes qui célèbrent la force masculine tout en attribuant aux femmes une certaine docilité, une faiblesse inhérente, voire une dépolitisation complète. La violence, par exemple dans le cadre des guerres, des révolutions ou des grèves, est une composante fondamentale de la politique. Il est donc essentiel de s'intéresser à des femmes qui ont protesté de façon violente, enfreignant les lois et les normes, et qui ont pour la plupart subi en conséquence la force de l'ordre établi, sa violence physique et symbolique.

C'est la même logique qui est à l'œuvre dans les stéréotypes qui présentent ces femmes comme des créatures impulsives et émotives, des folles, des possédées, des viragos, des vierges ou prostituées, des monstres, ou tout simplement comme des hommes. Tous ces qualificatifs traduisent un même refus de comprendre l'action des femmes dans une perspective rationnelle et politique, plutôt qu'affective. Les termes « pasionaria », « sainte » ou « martyre », employés à tort et à travers pour décrire les femmes engagées, les situent du côté de l'émotion, de la démesure, de l'hystérie, ce qui dévalorise ou disqualifie leur action. Les surnoms d'apparence flatteuse sont aussi problématiques : l'activiste des droits civiques Rosa Parks est surnommée « la Madone de Montgomery », une référence religieuse et idéalisatrice qui édulcore son engagement militant de plusieurs décennies et les sacrifices qui en ont découlé. Alexandra Kollontaï est affublée du surnom de « Vierge rouge » (entre autres appellations), qui place sa sexualité au cœur de la question sur un mode à la fois idéalisé et condescendant.

Tous ces termes suggèrent au fond que le travail révolutionnaire féminin est une anomalie et que les femmes ne devraient pas se mêler d'activisme politique. Ils font rejouer des stéréotypes sexistes profondément ancrés, souvent d'origine religieuse, qui confinent les femmes dans la sphère domestique, les soumettent aux hommes qui les entourent, et les privent de leur autonomie de pensée et d'action. Toute entrave à ces attentes vaut aux femmes d'être taxées de déviance psychologique et bien sûr sexuelle.

Cet interdit, qui est au cœur du destin de Théroigne de Méricourt, méprisée, brutalisée, internée dans un asile d'aliénés, est loin d'avoir disparu, comme le montrent les discours misogynes auxquels font face aujourd'hui encore les femmes engagées politiquement.

La lutte pour les droits

En contrepoint, notre deuxième fil rouge est le combat de ces femmes pour la reconnaissance de droits fondamentaux, qui est si souvent éclipsé par la focalisation sur la violence et par le refus de prendre au sérieux leur engagement. La plupart des femmes évoquées ici expriment des revendications essentielles : liberté contre l'esclavage, accès à la citoyenneté, éducation, antifascisme, droit au travail et justice économique, choix de se marier librement ou pas du tout, disposer et jouir de leur corps, être en sécurité face aux violences de genre, etc.

Il s'agit souvent de faire reconnaître et appliquer des droits existants : ainsi, Pia Klemp, menacée de vingt ans de prison pour avoir sauvé des réfugié·es en haute mer, n'a cessé de rappeler que c'est en réalité l'Union européenne qui ne respecte pas ses engagements en matière de défense des droits humains, en fermant ses frontières et en refusant toute aide à des personnes en détresse sur des bateaux de fortune. C'est aussi en réaffirmant constamment ses droits, qu'elle connaissait et comprenait parfaitement, que l'Américaine Angela Davis a pu échapper à une machination juridique visant à étouffer son militantisme communiste et antiraciste.

Ces femmes se sont battues et continuent de le faire pour que soient respectées leur dignité fondamentale de femme et d'être humain, et celle des groupes et des personnes pour qui elles ont pris fait et cause. Montrer l'exigence de justice qui anime l'activisme de ces femmes et leur contribution à l'histoire des luttes pour ces droits est essentiel : par-delà les siècles, les frontières et les causes, cette exigence d'égalité de droits et de justice est au cœur des révolutions.

Corps en luttes

Le corps est un troisième thème omniprésent. C'est avant tout un enjeu de luttes constantes, surtout dans le cadre des combats pour les droits reproductifs (contraception, avortement, droit à la parentalité), qui relient l'anarchiste américaine Emma Goldman, les 343 signataires du manifeste de 1971 pour l'avortement, et le collectif Ni Una Menos. La revendication d'une sexualité et d'une vie conjugale libres est une autre facette de cette même exigence d'autonomie corporelle ; elle est formulée ou tout simplement pratiquée par plusieurs de nos héroïnes, comme Alexandra Kollontaï. La liberté de disposer de son corps et de vivre sa sexualité est aussi celle de choisir son identité de genre, comme le firent Stormé de Larverie et nombre de ses compagnes et compagnons de lutte pendant les émeutes de Stonewall en 1969, contre le harcèlement des personnes LGBTQ+.

Le corps est aussi le nerf de la guerre et une arme militante, qui subit en retour toutes sortes de violences punitives : pensons aux suffragettes britanniques nourries de force en prison, aux tortures subies par Djamila Bouhired en détention, aux visites médicales invasives imposées à Angela Davis pendant son emprisonnement, mais également à la façon dont la beauté et le charisme de cette dernière ont fasciné les centaines de milliers de personnes qui, dans le monde entier, se sont mobilisées pour sa libération dans les années 1970. On ne peut non plus ignorer la menace constante du viol, qui hante près de la moitié des histoires relatées ici. Il est par ailleurs frappant que les accusations de promiscuité sexuelle et les commentaires sur l'apparence physique en général (sur le mode du compliment, de la critique ou de la moquerie) servent à dénigrer et invalider l'action politique des femmes. Ce préjugé n'épargne d'ailleurs pas leurs propres alliés, comme l'illustre le colorisme qui a contribué à marginaliser Claudette Colvin au sein du mouvement pour les droits civiques dans les années 1950.

Au vu des risques et des contraintes qui enferment le corps féminin, il n'est d'ailleurs pas surprenant que nombre de femmes pratiquent ce que l'historienne Mathilde Larrère appelle les « transgressions vestimentaires de genre[1] », se protègent et affirment leur liberté par leur tenue, en s'habillant en homme ou en tenue militaire, comme Théroigne de Méricourt et Qiu Jin. Une autre façon d'exprimer à quel point être *une* révolutionnaire est compliqué, car la nature genrée de l'activisme joue presque toujours au détriment des femmes.

L'intersectionnalité révolutionnaire

Notre dernier fil rouge, c'est la richesse des droits revendiqués et la prise de conscience du fait qu'ils sont intimement liés. On appelle « intersectionnalité » cette conscience de l'imbrication des différentes formes d'oppression subies par les groupes et individus (discriminations de genre, économiques, liées à la couleur de peau et l'ethnicité...), et donc des luttes contre elles. Ce concept a été développé à la fin des années 1980 par l'universitaire nord-américaine Kimberlé Crenshaw, mais il reflète une réalité ancienne ; ce qui change vraiment au fil de notre période est la façon dont les femmes formulent leurs combats, en insistant de plus en plus explicitement sur la solidarité entre différentes causes. L'articulation et parfois la tension entre les solidarités de genre et de classe sont ainsi évidentes, dès le XIXe siècle.

Le thème de l'intersectionnalité est particulièrement frappant sous la plume d'Angela Davis, pour qui le marxisme et la lutte contre le racisme sont indissociables. Les solidarités intersectionnelles sont aussi au cœur des mobilisations contemporaines, comme celles des collectifs en ligne tels que Ni Una Menos, qui combattent les diverses formes d'oppression subies par les femmes et cultivent les solidarités par-delà les frontières, les classes, les genres et les sexualités, et les ethnicités.

Les luttes évoquées ici sont donc collectives, et ne cèdent pas au culte de figures féminines starifiées, de « grandes femmes », même s'il est de fait plus facile de retracer l'histoire et l'action de ces figures historiques majeures que celles des anonymes qui font l'histoire. Pour tenter d'éviter ce travers, nous faisons apparaître autant que possible dans les notices individuelles les dimensions collectives de l'oppression et des révolutions. Les amitiés, solidarités, collaborations et influences multiples reliant ces figures féminines sont mises en avant, à travers les époques et les pays, pour ébaucher un monde de révolutionnaires féminines qui s'inspirent et se soutiennent mutuellement.

Définir la révolution

La révolution est envisagée ici de façon large : il s'agit de soulèvements populaires, en masse ou plus limités, ainsi que de mobilisations pacifiques sur la forme mais qui expriment une demande de changement radical. Beaucoup de femmes évoquées dans ce livre qualifient leur activisme de « révolutionnaire » et adhèrent à des idéologies et mouvements révolutionnaires comme le communisme, l'anarchisme ou différentes formes de féminisme radical ; mais pas toutes. Notre regard se concentre sur les pays occidentaux, mais nous regardons aussi au-delà de ces frontières, sur une période relativement longue, pour faire entendre des voix, des histoires et des problématiques féministes et politiques parfois méconnues.

Ce qui réunit ces femmes, c'est avant tout une remise en question radicale du statu quo et de l'ordre social existant, et le fait qu'elles sont prêtes à enfreindre les lois et à prendre des risques extrêmes pour faire reconnaître leurs droits ou en conquérir de nouveaux, pour elles-mêmes ou pour d'autres groupes opprimés. Cela implique souvent un combat physique : en 1792, Théroigne de Méricourt revendique le droit des femmes à porter les armes. En 1863, Harriet Tubman est la première femme à diriger une opération militaire aux États-Unis, qui permettra de libérer plus de 700 esclaves. Lina Odena est l'une des nombreuses partisanes qui prennent les armes contre le fascisme pendant la guerre d'Espagne. Les indépendantistes algériennes Djamila Bouazza et Djamila Bouhired posent des bombes dans des cafés en 1956. Phoolan Devi, « la reine des bandits » de l'État d'Uttar Pradesh, en Inde, est à la tête d'une bande de pilleurs et exerce des représailles d'une violence terrible pendant toutes les années 1970.

La révolution peut aussi prendre la forme de la désobéissance civile, pacifiste sur la forme mais profondément transgressive dans ses revendications et sa dimension symbolique, et donc illégale ou criminalisée. Un geste peut suffire à menacer l'ordre social et politique. Ce sont par exemple Claudette Colvin et Rosa Parks qui refusent de céder leur place à un passager blanc dans un bus et d'un simple geste remettent ainsi en cause l'intraitable ségrégation raciale imposée aux Noirs dans l'Amérique des années 1950.

Échos contemporains

Cette histoire parle à notre présent. Les mouvements populistes conservateurs et néofascistes qui déferlent actuellement dans le monde entier s'accompagnent d'un retour en arrière en matière de droits des femmes. L'actualité démontre que des droits qui nous paraissent évidents et garantis sont bien loin de l'être en réalité, et qu'il reste tout aussi dangereux de se battre pour eux. Le triste symbole en est la décision de la Cour suprême des États-Unis en 2022 de revenir sur l'arrêt Roe v. Wade garantissant le droit à l'avortement. Les féminicides et les violences sexuelles contre les femmes restent très peu sanctionnés. En Iran, c'est une répression sauvage qui répond à une demande de libertés élémentaires de la part des femmes.

À cela s'ajoutent les violences physiques et verbales du quotidien, illustrées par Donald Trump, élu président des États-Unis en 2016 malgré (ou même grâce à) la diffusion d'une vidéo dans laquelle il se vantait d'agressions sexuelles sur des femmes et réélu en 2024, avec un programme et des discours encore plus extrêmes dans leur misogynie. De même, on ne compte plus les déclarations sexistes de l'ancien président brésilien Jair Bolsonaro, pour lesquelles il a même été condamné par la justice. Ailleurs, des droits fondamentaux restent à conquérir pour la première fois : s'il n'y a plus qu'une poignée de pays où les femmes n'ont pas le droit de vote, l'avortement reste entièrement ou en partie illégal dans nombre de pays, de même que l'homosexualité.

La puissance du mouvement en ligne #MeToo, utilisé pour dénoncer les harcèlements multiples subis par les femmes, représente une libération importante de la parole face aux violences et une forme d'activisme efficace, mais son retentissement montre aussi l'ampleur des problèmes. Les inégalités civiques, économiques et professionnelles que rencontrent les femmes au quotidien sont innombrables. Malgré les progrès accomplis sur de multiples fronts, le déchaînement des violences verbales ou physiques contre celles qui se mobilisent, et tout simplement contre les femmes en général, rend nécessaire ce retour sur l'histoire de l'activisme féminin radical et de sa répression.

C'est donc aussi en vue des combats actuels et à venir qu'il faut (re)découvrir des femmes de révolutions dont les idées, l'inventivité, le courage, l'esprit de solidarité et la capacité à sortir de situations apparemment désespérées offrent des modèles de lutte et de résistance. Dans ces combats, le savoir est une arme : il est essentiel de se remémorer comment les luttes ont été menées et souvent gagnées, et contre quels ennemis. Ces histoires de résistance servent de mise en garde et d'inspiration. Elles invitent à réfléchir aux multiples façons dont, dans l'histoire et l'actualité, les femmes agissent, résistent, se mobilisent. Et mobilisent les autres.

BIBLIOGRAPHIE INDICATIVE

Larrère (Mathilde), *Rage Against the Machisme*, Bordeaux, Éditions du Détour, 2020.

Pavard (Bibia), Rochefort (Florence) et Zancarini-Fournel (Michelle), *Ne nous libérez pas, on s'en charge. Une histoire des féminismes de 1789 à nos jours*, Paris, La Découverte, 2020.

Trévisi (Marion), *Femmes combattantes en France à l'époque moderne : une minorité active*, communication dans le cadre du séminaire « Étudier la guerre » organisé par le Centre de recherches en histoire internationale et atlantique (CRHIA)-Nantes université, l'université Rennes 2, Tempora, Saint-Cyr Coëtquidan, le 1er décembre 2022, https://www.youtube.com/watch?v=m7GWAdsnhFY

Théroigne de Méricourt, soldate de la Révolution

> « Armons-nous, nous en avons le droit par la nature et même par la loi. Montrons aux hommes que nous ne leur sommes inférieures ni en vertus ni en courage. Il est temps que les femmes sortent de leur honteuse nullité[2]. »

Ainsi s'exprime Théroigne de Méricourt en mars 1792, dans le célèbre discours qu'elle prononce à la Société fraternelle des minimes, une des sociétés mixtes où se fait la Révolution française au quotidien, par le débat et la discussion. La participation politique des femmes et les revendications féministes sont un fait saillant de cette période révolutionnaire, et Théroigne de Méricourt est une figure marquante et très en vue de ces combats, qui la mobilisent sans réserve dès 1789. En revendiquant le droit des femmes « par la nature et même par la loi », elle formule une exigence d'égalité civile et politique qui ne cessera de résonner tout au long du XIXe siècle révolutionnaire.

Le droit de monter à la tribune

Comme l'écrit une autre femme emblématique de cette période révolutionnaire, Olympe de Gouges, dans sa célèbre *Déclaration des droits de la femme et de la citoyenne* en 1791 : « La femme a le droit de monter à l'échafaud ; elle doit avoir également celui de monter à la tribune. » Théroigne de Méricourt est de celles qui affirment et prennent ce droit à la parole politique et publique. Lorsque éclate la Révolution, elle a 27 ans, et déjà une vie mouvementée derrière elle. Née dans l'actuelle Belgique dans une famille d'origine paysanne (comme en témoigne son vrai nom, Anne-Josèphe Terwagne), elle a fui le domicile paternel à 15 ans pour échapper aux maltraitances. Une riche dame britannique la prend sous son aile et lui permet de recevoir une éducation artistique. D'Angleterre en Italie, les voyages et les arts sont au cœur de son existence ; elle est brièvement la compagne d'un Anglais avec qui elle a une fille qui meurt en bas âge, puis une demi-mondaine soignée par des hommes riches, avant de partir pour l'Italie. Vers 20 ans, elle vit dans une certaine aisance et aspire à devenir cantatrice.

Les débuts de la Révolution la captivent. En mai 1789, elle s'installe à Versailles pour assister chaque jour aux états généraux, que le roi Louis XVI a convoqués à titre exceptionnel pour tenter de résoudre la crise financière dans laquelle est plongée la France. Sa beauté ainsi que la tenue d'amazone qu'elle arbore (sabre, jupe longue prisée des cavaliers, chapeau à plume noire) attirent l'attention, tout comme ses talents d'oratrice. En 1790, désormais installée à Paris, elle cofonde la Société des amis de la loi, fréquentée par des personnalités politiques en vue et qui vise, sans y parvenir, à étendre la participation à la vie politique. Elle parle au club des Cordeliers et à l'Assemblée nationale. Elle évolue avec aisance entre différentes sphères politiques et sociales, et fait figure de modèle révolutionnaire en prenant la parole et la plume en public. Entre le début 1791 et janvier 1792, accusée de fomenter un complot révolutionnaire et d'être une espionne, elle est enlevée par les soldats de Léopold II, empereur d'Autriche et frère de Marie-Antoinette, dans la région du Tyrol. Malgré son retour triomphal à Paris, cet épisode la fragilise beaucoup psychologiquement.

Femmes et féminismes sous la Révolution

La Révolution est une période de grande activité et d'intervention politique des femmes ; de prise de pouvoir aussi, même si c'est de courte durée. En groupe ou individuellement, dans les clubs, les assemblées ou la sans-culotterie, elles font entendre une exigence de citoyenneté pour les femmes. La demande d'une représentation politique des femmes à l'Assemblée nationale est formulée dès juin 1789, et elles jouent également un rôle essentiel dans les « journées » révolutionnaires de 1788-1789, où elles portent un message politique sophistiqué allant au-delà de revendications strictement alimentaires. Des lois adoptées entre 1790 et 1794 accordent aux femmes des droits fondamentaux et concrets : maris et pères ne peuvent plus faire enfermer arbitrairement leurs filles et épouses, les femmes obtiennent l'indépendance juridique, puis, en septembre 1792, des droits civils comme le droit à la succession et au divorce.

En septembre 1791 paraît la *Déclaration des droits de la femme et de la citoyenne* d'Olympe de Gouges, pied de nez à la *Déclaration des droits de l'homme et du citoyen* de 1789 qui, malgré sa rhétorique universaliste, exclut les femmes de la citoyenneté. Olympe de Gouges proclame que « [l]a femme naît libre et demeure égale à l'homme en droits », avant d'énumérer ses droits « naturels et imprescriptibles ». Théroigne de Méricourt partage cette volonté d'inscrire les femmes dans les valeurs d'émancipation et de raison qui animent la Révolution, et de montrer « à l'Europe que les Françaises connaissent leurs droits, & sont à la hauteur des Lumières du XVIIIe siècle[3] ». Le mouvement philosophique des Lumières du XVIIIe siècle, poursuivant des débats bien antérieurs sur les aptitudes intellectuelles des femmes et les inégalités de genre, est favorable à un accès limité à l'éducation et au travail, essentiellement réservé aux femmes des classes supérieures ; les théories influentes de Jean-Jacques Rousseau situent les femmes du côté d'une nature qui doit être contenue.

À quelques rares exceptions près, la plupart des dirigeants révolutionnaires condamnent toute participation politique des femmes et leur assignent pour seule mission de soutenir la révolution en tant que femmes et mères. La philosophe britannique Mary Wollstonecraft compte parmi celles qui exigent un argumentaire rationnel pour justifier cette exclusion de la sphère publique et de l'éducation, avec sa *Défense des droits de la femme* (1792) : « Si les femmes doivent, sans avoir voix au chapitre, être exclues d'une participation aux droits naturels de l'humanité, faites d'abord la preuve, afin d'écarter l'accusation d'injustice et d'incohérence, qu'elles sont dépourvues de raison[4]. »

La citoyenneté par les armes

Le droit des femmes à porter les armes et se battre pour la Révolution et la patrie est une dimension essentielle du combat pour la citoyenneté active des femmes :

réclamer le port des armes, c'est demander la citoyenneté[5]. Réciproquement, refuser le port d'armes aux femmes équivaut à un nouveau rejet de leur citoyenneté. Dès janvier 1792, au club des Girondins (partisans d'une monarchie constitutionnelle qui accèdent au pouvoir quelques mois plus tard), Théroigne de Méricourt appelle à la formation de « phalanges d'amazones » capables de participer à la guerre, ce qui lui vaut l'hostilité des Montagnards et des citoyennes républicaines révolutionnaires, fortement opposés à la guerre. En mars, elle encourage ses concitoyennes à prendre les armes : « Citoyennes, pourquoi n'entrerions-nous pas en concurrence avec les hommes ? Prétendent-ils seuls avoir des droits à la gloire ; non, non... Et nous aussi nous voulons mériter une couronne civique et briguer l'honneur de mourir pour une liberté qui nous est peut-être plus chère qu'à eux, puisque les effets du despotisme s'appesantissaient encore plus durement sur nos têtes[6]. » Elle réunit les femmes au Champ-de-Mars à Paris pour tenter de mettre en place des régiments de femmes.

Sur l'échiquier politique, elle est républicaine et se situe à la gauche de l'Assemblée, mais lorsque la guerre contre l'Autriche éclate en avril 1792, elle rejoint les Girondins favorables à l'entrée en guerre contre les ennemis de la Révolution. Cela fait d'elle une cible des Jacobins, l'aile avancée des Montagnards, et l'isole. Le 10 août 1792, elle participe à la prise des Tuileries, qui aboutit à la chute de la monarchie. Mais, à cette occasion, elle se retrouve accusée du meurtre du journaliste royaliste François-Louis Suleau, massacré lors d'une confrontation où elle est présente, une nouvelle calomnie qui lui nuit beaucoup.

« J'étais femme, voilà le grand inconvénient aux yeux de l'autre sexe[7] »

En avril 1793, un décret de la Convention renvoie des armées « les femmes inutiles », c'est-à-dire « celles qui ne seront point employées au blanchissage & à la vente des vivres & boissons »[8]. Ce texte amorce un retour aux rôles de genre antérieurs, à commencer par « l'association entre masculin, armes et citoyenneté[9] ». Le mois suivant, les Girondins demandent l'expulsion des tricoteuses, femmes politisées qui assistent aux séances de l'Assemblée. Les clubs féminins sont dissous à l'automne.

Théroigne de Méricourt s'est déjà retirée de la vie publique. Son engagement lui a dès le début valu des attaques très violentes, évidemment genrées, notamment d'auteurs monarchistes qui la décrivent comme une prostituée, débauchée, vieille, laide, atteinte de maladies vénériennes. Puis survient l'épisode traumatisant et humiliant de « la fessée » : le 15 mai 1793, devant les portes de la Convention, elle est dénudée et fouettée par des tricoteuses jacobines. Arrêtée en 1794, elle échappe de peu à la peine de mort ; bientôt internée à l'hôpital de la Salpêtrière, elle passera les vingt dernières années de sa vie dans divers hospices, à servir d'étude de cas pour la science psychiatrique qui est alors en développement. Elle meurt en 1817, dans un état de déchéance psychologique et physique.

La fascination qu'elle a exercée de son vivant ne se dément pas après sa mort. Tout au long du XIXe siècle, elle connaît une immense fortune de personnage de fiction, surtout au théâtre. Sous la plume de l'historien Jules Michelet, elle incarne la révolutionnaire romantique par excellence, « l'héroïque beauté [...] l'image même de la liberté[10] ». Ses nombreux surnoms s'inscrivent dans un registre émotif et esthétique ou sexuel, souvent violemment critique : Belle Liégeoise, Belle Amazone, Amante du carnage, ce dernier lui ayant été attribué par le poète Charles Baudelaire, qui la dépeint « Excitant à l'assaut un peuple sans souliers, / La joue et l'œil en feu, jouant son personnage[11] ». La folie de ses dernières années n'a fait que conforter ces perceptions.

Ce n'est que bien plus tard, au XXe siècle, qu'elle commencera vraiment à être prise au sérieux comme pionnière de la participation militaire et civique des femmes. Si, contrairement à Olympe de Gouges, guillotinée en 1793, elle a échappé à la peine de mort, son destin éclaire néanmoins combien les femmes qui mènent le combat pour leurs droits sont mises au pilori et souvent maltraitées en conséquence. Comme le note la critique littéraire Maria Janion, qui souligne le contraste entre le traitement infligé aux femmes révolutionnaires et le culte des allégories féminines de la Révolution, ces femmes « ont payé excessivement leur désir de devenir des partisanes réelles de la lutte politique au lieu de rester des Déesses et des Guides symboliques[12] ».

En 1804 est promulgué le Code civil, dit Code Napoléon, qui referme durablement cette parenthèse révolutionnaire féministe, en abrogeant les droits civils accordés aux femmes pendant la Révolution. Il instaure l'incapacité complète juridique des femmes mariées et les soumet entièrement à l'autorité du père et du mari. Mais les idées d'égalité civile et politique pour toutes qui se sont fait jour pendant ces années, elles, ne disparaissent pas, et vont faire l'objet de luttes pendant tout le XIXe siècle, et au-delà.

BIBLIOGRAPHIE INDICATIVE

Godineau (Dominique), « De la guerrière à la citoyenne. Porter les armes pendant l'Ancien Régime et la Révolution française », *Clio. Histoire, femmes et sociétés*, n° 20, 2004.

Hauch (Gabriella), « Genre et révolution en Europe aux XIXe-XXe siècles », *Encyclopédie d'histoire numérique de l'Europe*, mis en ligne le 22 juin 2020, https://ehne.fr/fr/node/12343

Poirson (Martial), « Les trois vies de Théroigne de Méricourt », *L'Histoire*, n° 480, février 2021, p. 62-67.

Roudinesco (Élisabeth), *Théroigne de Méricourt. Une femme mélancolique sous la Revolution*, Paris, Seuil, 1989.

« Théroigne de Méricourt, l'amazone de la Révolution française », *Autant en emporte l'histoire*, 2020, https://www.radiofrance.fr/franceinter/podcasts/autant-en-emporte-l-histoire/theroigne-de-mericourt-l-amazone-de-la-revolution-francaise-7544572

Harriet Tubman, libératrice d'esclaves

En 1849, Harriet Tubman se libère de l'esclavage en empruntant l'Underground Railroad, un réseau clandestin de routes et d'abris qui vont des États esclavagistes du sud des États-Unis vers ceux du nord et le Canada, où l'esclavage a été aboli. Beaucoup d'autres trajets suivront, toujours aussi périlleux : Harriet Tubman aurait ainsi fait 13 voyages et libéré 70 personnes entre 1850 et 1860[13]. Et ce n'était que le début d'une vie d'activiste consacrée à la libération des esclaves et à l'abolition de l'esclavage, au suffrage féminin et au féminisme, ainsi qu'au soin des plus vulnérables.

Minty Ross, une jeunesse en esclavage

Née vers 1822, d'un père affranchi et d'une mère esclave, Harriet, Araminta « Minty » Ross de son vrai nom, grandit en esclavage dans l'État du Maryland. L'importation d'esclaves d'Afrique et des Caraïbes a été interdite aux États-Unis en 1808. Une opposition croissante à cette « étrange institution », comme on appelle alors l'esclavage, se fait entendre, notamment de la part des quakers, une secte chrétienne. L'esclavage est en voie de disparition dans le nord du pays, mais en forte expansion dans le Sud, où il fournit une main-d'œuvre à l'industrie cotonnière et régit la vie quotidienne. On compte environ 1,5 million d'esclaves au moment où naît Minty ; ils sont près de 2 millions une décennie plus tard, et presque 4 millions en 1860[14].

La famille Ross connaît toutes les cruautés de l'esclavage : deux de ses sœurs sont vendues dans des chaînes d'esclaves, et l'une d'elles est séparée de ses deux enfants. La violence et la déshumanisation sont le lot quotidien des esclaves. Harriet Tubman elle-même souffrira de maux de tête et de narcolepsie toute sa vie après avoir été percutée par un poids lancé par un propriétaire : à l'âge de 12 ans, elle avait voulu s'interposer pour protéger un esclave qui avait tenté de s'évader. Dès sa petite enfance, Harriet est « prêtée » à différentes familles pour travailler comme domestique et nourrice. Pour les propriétaires esclavagistes, les enfants sont des biens matériels dont le travail peut être négocié et exploité financièrement. Les personnes en esclavage n'ont que le strict minimum pour survivre ; enfants et adultes, maltraités, torturés, vivent dans d'épouvantables conditions. La surmortalité est effroyable.

En 1844, Minty épouse John Tubman, esclave affranchi, alors qu'elle-même demeure la propriété d'un homme blanc. C'est également vers cette période qu'elle aurait changé de nom pour devenir Harriet Tubman. En mars 1849, quand la mort de son propriétaire, Edward Brodess, laisse prévoir sa vente, elle décide de s'évader.

« Une étrangère dans un pays étranger »

L'État du Maryland a la particularité de jouxter des États où l'esclavage est interdit, la Pennsylvanie et le New Jersey. L'Underground Railroad y a des relais mais l'évasion reste terriblement risquée. À quoi ressemble exactement cet Underground Railroad ? Contrairement à ce que son nom suggère, pas de trains ici : c'est en réalité un réseau de routes et de refuges qui a été mis en place à la fin du XVIIIe siècle par des abolitionnistes blancs et noirs. Entre 30 000 et 100 000 personnes en tout l'auraient emprunté, avec ou sans succès, cette fourchette très large témoignant du mystère qui entoure cette opération.

John Tubman, sans doute parce qu'il n'est lui-même pas en esclavage, a refusé de suivre Harriet, et elle entreprend son voyage dans l'urgence, avec deux ou trois de ses frères, qui renoncent vite tant l'évasion est risquée. C'est donc seule, mais aidée, qu'elle fait route, parcourant 150 kilomètres pour atteindre la ville de Philadelphie. Sarah Bradford, son amie et sa première biographe, qui a recueilli en détail son témoignage, décrit ce premier voyage vers la liberté :

> Et elle entama son voyage, « sans savoir où elle allait », sinon qu'elle allait suivre l'étoile du Nord jusqu'à ce qu'elle la conduise à la liberté. Elle voyagea prudemment, la nuit, traçant sa route avec ruse, et découvrant qui étaient ses amis ; jusqu'à ce qu'après un long et douloureux voyage, elle découvre, en réponse à de prudentes questions, qu'elle avait enfin franchi cette « ligne » magique qui à l'époque séparait la terre de l'esclavage de la terre de la liberté[15].

Mais cette liberté a un prix, et Harriet ressent un profond sentiment d'altérité, loin de sa famille et de l'endroit où elle a toujours vécu. Elle entre en contact avec le mouvement antiesclavagiste et, très vite, forme le projet de retourner dans le Sud pour aider les membres de sa famille à s'échapper.

Conductrice de l'Underground Railroad

Harriet Tubman devient guide de l'Underground Railroad au début des années 1850, retournant à de nombreuses reprises vers le sud pour guider les passagers qui veulent s'échapper, une responsabilité que très peu de personnes ont endossée. Elle travaille et économise pour aider des esclaves à fuir Baltimore, à commencer par sa nièce Kessiah et ses deux enfants, lors de son premier voyage en décembre 1850. Son troisième voyage, à l'automne 1851, l'amène dans son ancienne maison, car elle veut aider son mari à rejoindre le nord des États-Unis, mais à son arrivée elle découvre qu'il s'est remarié ; il semblerait que cette découverte bouleversante l'ait confortée dans sa résolution de conduire d'autres esclaves vers la liberté, et que c'est alors qu'elle décide d'aider toute sa famille à s'échapper.

Elle effectue les trajets sans carte, et cernée par les dangers et le risque d'être capturée ou tuée, car les chasseurs de tête, milices et « attrapeurs d'esclaves » sont aux aguets. Le réseau de l'Underground Railroad est très secret et inventif ; les voyageurs utilisent des codes, la communication est strictement orale et l'anonymat complet, les refuges sont bien cachés ou signalés de façon secrète. Harriet Tubman est connue pour son habileté, son ingéniosité, son courage et son intelligence dans les traversées, d'autant plus que la célébrité qu'elle acquiert vite accroît les risques. Sa tête est mise à prix pour des milliers de dollars, une somme spectaculaire comparée aux 100 dollars offerts pour sa recapture lors de son évasion. Elle se déguise en homme pour aider les esclaves et voyage armée d'un pistolet, dont elle se serait aussi servie pour menacer les esclaves qui voulaient rebrousser chemin. Pendant un voyage particulièrement risqué qui l'amène nez à nez avec un de ses anciens maîtres, elle achète deux volailles pour faire diversion et passer pour une esclave faisant des courses. Elle ne perdra pas un seul passager. Guidée dans sa mission de libération par sa foi, elle sera surnommée la Moïse noire.

La loi sur les fugitifs de 1850 complique la situation en autorisant la recapture dans les États libres et en contraignant les autorités des États du Nord à y collaborer activement ; pour être en sécurité, les esclaves libérés doivent dès lors aller jusqu'au Canada, où vont ainsi s'installer d'importantes communautés d'Africains-Américains.

Général Tubman

Après la période de l'Underground Railroad, Harriet Tubman, installée à Auburn, dans l'État de New York, participe à des rassemblements d'abolitionnistes et de suffragistes en faveur du droit de vote féminin ; elle y apporte son prestige et son expérience d'ancienne esclave et de vétérane de l'Underground Railroad, sous des pseudonymes, car le risque de recapture reste entier.

Pendant la guerre de Sécession (1861-1865), au terme de laquelle l'esclavage est aboli aux États-Unis, elle est très active sur le terrain et soutient les forces unionistes (c'est-à-dire principalement les États du Nord favorables à l'abolition) dans de multiples rôles : comme infirmière, en accueillant les esclaves échappés, en tant qu'espionne et éclaireuse. En juin 1863, à la tête d'un régiment de soldats Africains-Américains, elle mène le Raid de Combahee Ferry dans l'État de Caroline du Sud, en territoire ennemi, une opération militaire périlleuse qui consiste à attaquer en bateau huit plantations différentes. Plus de 700 esclaves sont libérés durant cette action spectaculaire, qui entame les forces confédérées en détruisant des propriétés et réserves de nourriture. Cela lui vaut le surnom de « Général Tubman », que lui attribue l'éminent dirigeant abolitionniste John Brown. On peut y voir une masculinisation de Tubman, qui parcourt les représentations dont elle fait l'objet et pose la masculinité comme étalon du courage absolu. Cette masculinité honorifique est une célébration ambiguë de son militantisme[16].

En 1869, elle épouse Nelson Davis, un ancien combattant de la guerre de Sécession qui est son cadet de vingt ans ; quelques années plus tard, ils adoptent une fille, Gertie. Harriet Tubman poursuivra son engagement pour les anciens esclaves toute sa vie. Sa maison d'Auburn devient un sanctuaire pour les personnes noires vulnérables à partir de 1871. Elle y accueille malades, sans-abri, orphelins. En 1908, elle ouvre le Home for the Aged (« Maison pour les personnes âgées »), où elle-même sera pensionnaire à la fin de sa vie, de 1911 à 1913.

Le droit de vote des femmes est un autre de ses combats. Les hommes noirs ont obtenu le droit de vote en 1870, mais pas les femmes, quelle que soit leur couleur de peau. Elle milite aux côtés de féministes suffragistes de premier plan, et, dans un mouvement où règne la ségrégation, participe à l'activisme pour organiser les femmes noires et blanches. Le droit de vote sera finalement accordé aux femmes en 1920 ; les femmes non blanches, bien qu'y ayant théoriquement accès, en seront encore partiellement exclues par plusieurs dispositions.

Contrastes mémoriels

Harriet Tubman, qui a beaucoup partagé son histoire et construit avec talent sa propre légende, et a de plus mené une importante carrière d'activiste par la suite, a été héroïsée, mythifiée, fictionnalisée, y compris de son vivant. Il aura fallu plus longtemps pour la reconnaissance plus officielle, à laquelle elle n'accède que tardivement, malgré plusieurs campagnes publiques en sa faveur. Elle traverse ainsi une longue période de dénuement à la fin de sa vie, avant d'obtenir enfin une pension de l'État fédéral en tant que veuve à partir de 1890 puis, en 1899, pour son service d'infirmière ; elle avait fait sa première demande de pension en 1868. Elle est enterrée avec les honneurs militaires, un hommage longtemps attendu à sa contribution dans ce domaine. Ce n'est que récemment que son activisme abolitionniste et féministe après l'Underground Railroad a commencé à être exploré.

Si elle reste relativement méconnue en France, c'est une des icônes de la lutte contre l'esclavage aux États-Unis et, comme Rosa Parks, une des grandes figures féminines de la lutte pour les droits des Africains-Américains, dans un panthéon encore largement dominé par les hommes. Son Home for the Aged est aujourd'hui un parc classé monument historique qui célèbre son œuvre et le mouvement abolitionniste. Ella a joué un rôle important dans la politisation d'autres femmes, dont Angela Davis qui, à la mort de sa grand-mère, se la représentera « en train de rejoindre Harriet Tubman, et jetant un regard paisible sur les événements de ce monde[17] ».

Cela ne signifie bien sûr pas que cette mémoire est apaisée et consensuelle, au contraire. On peut certes mesurer des progrès récents, comme l'abandon du projet de faire incarner Harriet Tubman au cinéma par l'actrice blanche Julia Roberts ; c'est finalement Cynthia Erivo, comédienne britannique noire, qui a tenu son rôle dans le film sorti en 2019. Quant au projet d'imprimer le portrait de Harriet Tubman sur les billets de 20 dollars, proposé par le président Barack Obama puis repoussé par son successeur Donald Trump, il reste en attente. D'autres ont aussi interrogé les dévoiements historiques qui résultent de son statut d'icône et qui aplanissent la richesse et la radicalité de ses engagements, ainsi que la capacité de résistance qu'elle peut encore insuffler dans les luttes actuelles. Telle est peut-être la rançon de l'institutionnalisation des mémoires militantes.

BIBLIOGRAPHIE INDICATIVE

Collectif, *Meridians. Feminism, Race, Transnationalism.* Numéro consacré à Harriet Tubman. Vol. 12, n° 2, 2014.

« Harriet Tubman : la "Moïse noire" de l'Amérique », *Une histoire particulière*, 2 épisodes, 2020, https://www.radiofrance.fr/franceculture/podcasts/une-histoire-particuliere-un-recit-documentaire-en-deux-parties/harriet-tubman-la-moise-noire-de-l-amerique-1-2-l-heroine-de-l-underground-railroad-6212075

Tubman (Harriet), *Mémoires. Inclut Harriet, la Moïse noire*, Paris, Payot & Rivages, « Petite Bibliothèque Payot », 2022, traduit de l'anglais (États-Unis) par Françoise Bouillot.

Whitehead (Colson), *Underground Railroad*, Paris, Albin Michel, 2017, traduit de l'anglais (États-Unis) par Serge Chauvin.

Jeanne Deroin et « l'égalité absolue entre les deux sexes[18] »

Des Trois Glorieuses de juillet 1830 aux Communes de 1871 en passant par le Printemps des peuples de 1848, le XIXe siècle français et européen est jalonné de tentatives révolutionnaires. Il s'agit par ces insurrections de mener à bien les promesses d'égalité et de liberté de la Révolution française, et les femmes restent en première ligne de ces combats. Dans la France de 1848, les inégalités de genre demeurent flagrantes : les femmes continuent d'être exclues de la participation politique et, malgré certains progrès, de l'égalité civile. Jeanne Deroin, ouvrière éprise de savoir, autodidacte, est une championne de l'émancipation des femmes et de la classe ouvrière.

Sa vie épouse ce siècle révolutionnaire et la profusion d'idées et de projets de transformation sociale et politique qui se jouent pendant les trois années séparant la proclamation de la Deuxième République en février 1848 du coup d'État de Louis-Napoléon Bonaparte en décembre 1851. Au mitan de ce XIXe siècle révolutionnaire, elle appelle à « donner un sens commun à tous aux mots liberté et égalité[19] » et une vraie substance aux principes universels de la Révolution française. Elle réécrit d'ailleurs la devise révolutionnaire à travers ce prisme, définissant la liberté comme « le droit et le pouvoir d'exercer et de pouvoir développer librement toutes ses facultés physiques, intellectuelles et morales », l'égalité comme « le droit et le devoir de prendre part à tous les actes de la vie sociale dans la mesure de ses facultés et de ses aptitudes sans distinction de sexe ni de race » et la fraternité comme « la pratique de la liberté et de l'égalité, pour toutes comme pour tous »[20].

Femme « de 48 », elle appartient à une génération de militantes féministes qui repensent l'articulation entre classe, genre et politique, dans un moment d'effervescence où l'activisme féminin se déploie sur des terrains multiples.

Femme de 48

Jeanne Deroin se lance pleinement en politique pendant la révolution de 1848, dans les clubs, les réunions, par le journalisme. Couturière issue d'un milieu humble, lorsque éclate la Révolution et que la monarchie de Juillet installée en 1830 est remplacée par une nouvelle République, elle a réussi à se former comme enseignante et dirige une école pour les enfants pauvres. Sa vie privée exprime déjà son sens de la liberté et, bien qu'elle soit profondément religieuse, son rejet de l'Église, puisqu'elle a fait un mariage civil dont naissent trois enfants. En 1848, elle cofonde le Club de l'émancipation des femmes (bientôt rebaptisé Société de la voix des femmes), présidé par Eugénie Niboyet, autre féministe de premier plan de cette période.

La presse est l'un des principaux lieux de la prise de parole politique des femmes pendant cette nouvelle secousse révolutionnaire. Jeanne Deroin écrit pour *La Voix des femmes* (mars-juin 1848), journal créé par Eugénie Niboyet et qui se décrit comme « socialiste et politique, organe des intérêts de toutes », et est consacré à la promotion des « intérêts moraux, matériels et intellectuels des femmes ». Elle y aborde de nombreux thèmes et réclame l'égalité de droits entre femmes et hommes. Suivront d'autres aventures journalistiques, dont *La Politique des femmes* (juin-août 1848), avec Désirée Gay et Eugénie Niboyet, puis *L'Opinion des femmes* (1849).

Son style empreint de mysticisme porte la trace du socialisme « utopique » par lequel elle est entrée en politique. Ce terme méprisant, généralement opposé au socialisme dit « scientifique » théorisé par l'Allemand Karl Marx et son collaborateur Friedrich Engels, désigne diverses tendances et organisations politiques ayant en commun leur critique du capitalisme industriel et le projet de refonder l'organisation sociale. Ces courants « utopiques » recèlent une grande richesse de pensée et de force critique ; parmi eux, c'est dans le saint-simonisme que s'est opérée au début des années 1830 la formation intellectuelle de Jeanne Deroin, qui y puise notamment sa réflexion sur l'esclavage des femmes et la nécessité d'abolir les privilèges de naissance.

Libérer l'humanité entière

La République a institué le suffrage « universel » pour tous les hommes de plus de 21 ans. Comme le dit simplement Jeanne Deroin dans *L'Opinion des femmes* : « Il a été constaté que le suffrage universel, dont la moitié du peuple est exclu, que les principes de liberté, d'égalité et de fraternité, qui ont été proclamés par les hommes pour les hommes seulement, sont un mensonge[21]. » Elle exige la pleine participation des femmes à la transformation complète de la société, en observant que

« [l']homme seul a jusqu'à présent réglé les destinées du genre humain, et [que] presque toutes les lois sont injustes, oppressives et imprévoyantes ; la répartition inique des produits du travail, l'esclavage, le servage et le prolétariat produisent partout la corruption, l'ignorance et la misère ».

Il ne s'agit donc pas uniquement d'une revendication d'égalité par principe, mais bien d'une interrogation sur l'(in) efficacité et la dureté du pouvoir masculin. Réciproquement, la participation politique des femmes n'est pas seulement un droit collectif ou individuel : c'est leur « devoir [...] de réclamer le droit d'intervenir et de prendre en main la cause des opprimés et des souffrants ». Ce renversement de perspective est une contribution éclairante aux débats contemporains sur la parité, même si l'on peut contester l'équivalence que pose Jeanne Deroin entre, d'une part, les femmes et « les principes d'amour et de paix » et, d'autre part, les hommes et « la lutte et la violence ».

Jeanne Deroin se présente donc aux élections législatives de 1849, par sens du « devoir », de la justice et de la morale, pour que « le dogme de l'égalité ne soit plus un mensonge »[22]. Sa candidature fait grand bruit et occasionne une querelle par journaux interposés au sujet des droits des femmes avec Pierre-Joseph Proudhon, un des pères fondateurs du mouvement anarchiste par ailleurs connu pour sa misogynie, à qui elle a déjà eu affaire. Proudhon voit sa candidature comme « un fait très grave » et rejette sans ambages « de semblables prétentions ». La femme est certes l'« égale » de l'homme mais pas sa « semblable », et son rôle principal est d'œuvrer dans la sphère familiale ; sa liberté consiste à accomplir « sa destinée de femme », ce qui passe principalement par un mariage choisi[23]. Face à lui, Jeanne Deroin propose un argumentaire plus complexe et cohérent, et rappelle que « cette assemblée sera incomplète et incompétente si la femme n'y est pas représentée ». L'absence des femmes reviendrait à imposer « la loi du plus fort » et « un privilège de sexe », une violation manifeste des principes socialistes[24].

Sa détermination à être candidate et à mener une vraie campagne électorale lui vaut des moqueries et caricatures ; sa candidature, jugée « inconstitutionnelle », est fortement entravée, mais elle finit par obtenir son inscription au registre des candidats, sans espoir d'être élue, et peut enfin défendre ses idées en public dans les réunions.

L'émancipation des femmes et des ouvriers

Sa déclaration de principes d'une « Association fraternelle des démocrates socialistes des deux sexes pour l'affranchissement politique et social des femmes », la même année, reprend ces thématiques[25]. Cette association mixte associe genre et classe sociale, puisque ses membres conçoivent l'émancipation des femmes comme une condition nécessaire de celle du prolétariat. Jeanne Deroin a déjà énoncé le caractère indissociable de ces luttes ; le programme politique qui, pour elle, revient aux femmes comprend justement un volet économique essentiel : l'organisation du travail.

Cette même idée sous-tend ce projet associatif. Les idées associationnistes, perçues comme une solution possible à la misère sociale née de la révolution industrielle, et qui s'inspirent aussi en partie du socialisme utopique, sont répandues pendant cette période et sont présentes dans de nombreuses initiatives pratiques. En octobre 1849, Jeanne Deroin compte parmi les membres fondateurs de l'Union des associations fraternelles, qui vise à coordonner des associations financièrement indépendantes pour échapper au patronat et mettre en place des services autonomes pour la classe ouvrière. Ce projet pacifiste, émancipateur et éducatif prend forme ; il est approuvé par les représentants de 104 associations et reçoit le soutien de Louis Blanc, un théoricien et homme politique socialiste de premier plan engagé dans la lutte contre la misère ouvrière[26].

Du fait de ses ambitions et de ses progrès rapides, dans un climat de plus en plus répressif, cette Union est perçue comme hautement subversive et surveillée de près par la police. Sa dissolution, ordonnée en mai 1850, est suivie d'une descente de police lors d'une réunion des délégués de l'Union, qui sont presque tous arrêtés, dont Jeanne Deroin ; c'est l'affaire de la rue Michel-le-Comte. Au terme du procès collectif pour délit d'association subversive qui suit, elle est condamnée à six mois de prison. Il en faudra plus pour la faire taire : depuis la prison, elle adresse une lettre à l'Assemblée législative pour protester contre la proposition de retrait du droit de pétition des femmes.

En Angleterre

Elle est libérée en juin 1851, mais, menacée d'arrestation après le coup d'État de Louis-Napoléon Bonaparte, elle se réfugie bientôt avec ses enfants en Angleterre. Là, elle publie deux numéros supplémentaires de l'*Almanach des femmes* (1852-1854) qu'elle a lancé avant de quitter la France. Vivant humblement de ses activités de couturière, elle continue à écrire dans la presse sur la mission et les droits des femmes[27], et poursuit son militantisme pour les associations sans cesser de revendiquer le droit de vote, avec une inflexion mystique de plus en plus marquée. L'école pour les enfants des exilés qu'elle ouvre à Londres dans les années 1860 périclite rapidement. Dans les années 1880, elle se rapproche des groupes socialistes révolutionnaires de Londres et participe aux activités de la Socialist League, une des principales organisations radicales de la capitale.

À sa mort, en 1894, la presse la salue comme « la première femme qui ait revendiqué le droit à l'élection politique[28] ». Son rôle historique dans le mouvement ouvrier et féministe se lit dans de nombreux hommages et références à son œuvre, venus de différents courants de gauche : de Louise Michel et la presse anarchiste britannique au journal féministe pionnier *La Fronde* qui en 1898 reconnaît dans *La Voix des femmes* l'un de ses précurseurs et réimprime des extraits de la *Pétition des femmes du peuple* publiée pendant la campagne électorale de 1849. Le célèbre artiste et auteur socialiste révolutionnaire William Morris, prononçant l'oraison funèbre à l'enterrement de Jeanne Deroin, avait célébré la championne de l'association et des droits politiques des femmes, sa « vie irréprochable, son œuvre pour l'humanité et la liberté[29] ».

Une illustration des échos d'une longue carrière militante, par-delà les frontières et les générations, qui esquisse les dimensions internationales et internationalistes d'un socialisme féministe dont la riche histoire est encore méconnue.

BIBLIOGRAPHIE INDICATIVE

Brémand (Nathalie), « Introduction : "Socialistes utopiques", les mal-nommés », *Cahiers d'histoire. Revue d'histoire critique* [en ligne], 124, 2014, mis en ligne le 1er juillet 2014, http://journals.openedition.org/chrhc/3659

https://maitron.fr/spip.php?article29854, notice DEROIN Jeanne, Françoise [souvent écrit, à tort, DEROUIN Jeanne], notice revue et complétée par Michèle Riot-Sarcey, version mise en ligne le 20 février 2009, dernière modification le 1er avril 2019.

Ranvier (Adrien), « Une féministe de 1848 : Jeanne Deroin », *Revue d'histoire du XIXe siècle-1848*, vol. 24-25, 1908.

Emily Davison ou la violence des suffragettes

D'Emily Davison, on connaît avant tout la mort tragique, le 8 juin 1913. Après avoir été piétinée quatre jours plus tôt par Anmer, le cheval du roi d'Angleterre George V, lors d'une course hippique dans la ville huppée d'Epsom, Davison succombe à un traumatisme crânien.

À Epsom, où se pressent aristocrates, bourgeois et foule populaire pour cette célèbre course, Emily Davison s'est glissée sous la barrière de protection pour entrer sur la piste de course juste à la sortie d'un virage. Un fanion violet, blanc et vert – les couleurs du mouvement des suffragettes, pour le droit de vote des femmes – épinglé à la doublure de sa veste, elle a tenté de s'emparer des rênes d'Anmer, avant que ce dernier et son jockey ne s'effondrent sur elle. Une toute nouvelle technologie, le cinématographe, a permis de filmer la course et cet accident spectaculaire. Ce film, diffusé des milliers de fois dans les jours qui suivent la course et aujourd'hui encore saisissant, montre sa silhouette en robe blanche qui roule une dizaine de mètres sous les sabots des chevaux, tandis que continue la course.

Seuls les spectateurs installés à proximité assistent, horrifiés, à l'accident.

Dans les journaux comme dans les rues se déchaînent hommages et condamnations, ainsi que des efforts pour comprendre la signification du geste de Davison. Son recours à la violence et sa fragilité psychologique supposée sont au cœur des polémiques ; nombreux sont ceux qui la jugent irresponsable car elle a mis en danger Anmer et son jockey et ainsi manqué de respect au roi lui-même. Beaucoup aussi célèbrent le noble sacrifice d'Emily Davison, et les suffragettes s'emparent de cet épisode frappant qui présente leur mouvement sous un jour héroïque. Le jour de son enterrement, le cortège funéraire traverse Londres ; 5 000 femmes défilent, vêtues de robes blanches et d'un brassard noir, encadrées de façon musclée par la police. Une des bannières portées par les manifestantes déclare : *I have fought the good fight* (« Je me suis battue pour la bonne cause »).

Davison a-t-elle commis un geste de propagande spectaculaire ? S'agit-il d'un suicide sans signification politique ? La lutte pour le droit de vote des femmes mérite-t-elle le sacrifice d'une vie ? L'action directe peut-elle réussir là où des méthodes légales ont échoué, et permettre aux femmes d'accéder enfin au droit de vote ?

Suffragistes et suffragettes

À partir des années 1860, et surtout dans la décennie qui précède la Première Guerre mondiale, la question du droit de vote des femmes divise l'opinion publique britannique et internationale. Lors de cette « première vague » féministe, l'obtention de droits (au vote, à l'égalité dans le mariage, à l'éducation) est une thématique centrale. Depuis les années 1830, alors que l'accès des hommes britanniques au droit de vote s'étend par réformes successives, les droits des femmes, eux, stagnent. Leur participation à la vie politique reste déterminée par leur statut social et économique : c'est un suffrage dit censitaire, dans lequel il faut être propriétaire pour pouvoir voter. Seules certaines Britanniques de milieu aisé ont le droit de voter dans des élections municipales à partir de 1869 ; pour pouvoir être candidate, il faudra attendre le début du XXe siècle.

De nombreux groupements et organisations sont mobilisés dans tout le pays pour obtenir le droit de vote des femmes, avec deux grandes tendances aux stratégies bien différentes. Les suffragistes insistent sur les moyens de pression légaux, comme organiser des groupes à l'échelle régionale et des réunions pour faire campagne auprès des élus, ou envoyer des dizaines de pétitions et de résolutions au gouvernement à partir des années 1860.

Les suffragettes, elles, font leur apparition au début du XXe siècle, sous l'impulsion de la redoutable Emmeline Pankhurst et de sa fille Christabel, qui en 1903 fondent l'Union sociale et politique des femmes (WSPU : Women's Social and Political Union). L'activisme de la WSPU se radicalise dès 1906, sous le coup des frustrations provoquées par l'échec des stratégies légales de conquête du droit de vote. Les suffragettes se consacrent donc à l'action directe, souvent illégale : manifestations, lancers de pierres emballées dans des messages adressés aux hommes politiques, incendies de boîtes aux lettres, bris de vitres dans les rues commerçantes, effractions au Parlement britannique, attaques de tableaux dans les musées, etc.

Comme l'annonce leur célèbre slogan, il faut « des actions, pas des mots » (*deeds not words*). L'organisation utilise à la fois des actions violentes et non violentes (occupations d'églises, par exemple). C'est le quotidien populaire à sensation *The Daily Mail* qui, en 1906, donne à ces activistes le nom moqueur de « suffragettes », mais il ne faut pas s'y méprendre : l'opinion publique est terrifiée par la mobilisation de ces femmes et le défi qu'elles lancent à l'ordre social.

Le militantisme d'action directe d'Emily Davison

Emily Davison fait partie des tendances les plus avancées de ce mouvement qui fait frémir les autorités et l'opinion internationale. Issue d'un milieu bourgeois aisé, comme beaucoup de suffragettes, elle a fait des études brillantes et poussées pour une femme de son époque, préparant une licence de littérature anglaise de l'université de Royal Holloway, près de Londres, puis un deuxième diplôme de l'université de Londres. Le décès de son père alors qu'elle entame ses études plonge sa famille dans de grandes difficultés financières, mais Emily, déterminée, travaille comme gouvernante puis enseignante pour financer ses études. L'éducation n'est pas sa vocation, et c'est dans le militantisme des suffragettes qu'elle va vraiment s'exprimer.

Elle adhère à la WSPU en 1906 et s'y consacre avec ferveur ; en 1910, elle devient cadre de l'organisation et accède bientôt à des fonctions plus importantes. Son engagement pour les suffragettes est un choix risqué, qui l'amène en prison huit fois, la conduit à faire sept grèves de la faim et à être nourrie de force 49 fois. Entre 1910 et 1911, elle s'introduit par effraction au Parlement britannique pas moins de trois fois. Elle passe même la nuit dans l'illustre bâtiment lors du recensement d'avril 1911 : cette nuit-là, les suffragettes ont pris l'initiative originale de boycotter le recensement pour symboliser l'accès à la citoyenneté qui leur est refusé. Cela fait d'ailleurs écho à un autre de leurs slogans chocs : *No taxation without representation* (« Pas de taxation sans représentation politique »). Se cacher dans le plus haut lieu du pouvoir politique pour protester contre la privation de droits politiques des femmes ne manque en effet pas de piquant, même si Emily Davison y est finalement découverte et recensée.

L'antisuffragisme et la répression

Son militantisme lui vaut même les critiques de la direction des suffragettes, qui la jugent trop radicale. Cependant, son parcours est assez représentatif de celui du mouvement, dont les membres sont habituées à être brutalisées par les forces de police ainsi qu'à être caricaturées et même haïes par l'opinion publique. Un mouvement antisuffrage puissant et organisé, auquel participent d'ailleurs de nombreuses femmes, brandit le risque de chaos qu'entraînerait le vote des femmes : abandon du foyer, effondrement de l'Empire colonial britannique, disparition de la force morale et de la sensibilité affective des femmes, etc. Comme le souligne l'historienne Julia Bush, le dénominateur commun de ces attaques est de brandir la menace de la « masculinisation des femmes[30] » et de la subversion des rôles de genre traditionnels.

L'activisme des suffragettes est violemment réprimé : les séjours en prison se multiplient et n'épargnent aucune d'elles, qu'elles soient bourgeoises ou ouvrières. Le caractère politique de leur mobilisation étant nié par les autorités, leurs conditions de détention sont particulièrement dures. À partir de 1910, les suffragettes détenues qui font la grève de la faim sont gavées de force au moyen d'un tube inséré dans leur nez ou leur estomac, une mesure dangereuse et traumatique, tant moralement que physiquement, qui suscite une véritable indignation de l'opinion publique. La violence de ce traitement démontre la panique suscitée par la question du vote des femmes et par la remise en question de leur relégation politique, mais aussi l'inventivité et l'endurance spectaculaires de ces militantes, qui s'exposent volontairement aux arrestations et au gavage pour affirmer leur résolution et contredire les stéréotypes de genre.

Là encore, Emily Davison n'est pas en reste : en janvier 1912, alors qu'elle est en prison pour avoir incendié une boîte aux lettres, elle se jette du haut d'un escalier dans la prison de Holloway, pour protester contre le gavage. Blessée et très choquée, elle ne s'arrête pas pour autant, et dès la fin de l'année elle est de nouveau détenue après avoir agressé un homme qu'elle avait pris pour un ministre.

Interprétations posthumes

La mort d'Emily Davison est aujourd'hui reconnue comme un événement. Elle est devenue une figure incontournable des programmes scolaires et des classements des femmes les plus influentes de l'histoire récente, une réhabilitation qui reflète le consensus qui s'est installé autour de la question du vote des femmes dans le monde occidental. Des chercheuses ont cependant montré que si Emily Davison est maintenant représentée de façon de plus en plus positive dans les médias de masse britanniques, comme un modèle de dévouement passionné à l'égalité et à la révolte contre l'injustice, son exemple est aussi invoqué pour critiquer des modèles féminins ou féministes actuels.

La reconnaissance historique et publique peut donc cacher d'autres problèmes, plus contemporains[31] : se servir d'une figure féminine pour en discréditer d'autres est une stratégie courante. La référence à Davison et à sa mort tragique a par exemple été mobilisée par la presse conservatrice britannique pour moquer les préoccupations vestimentaires des femmes d'aujourd'hui et ridiculiser certaines icônes féministes, comme le groupe pop des Spice Girls. Le radicalisme de Davison, qui lui fut tant reproché, devient donc acceptable lorsqu'il permet de critiquer d'autres femmes et leur conception de la liberté individuelle.

Son statut de « martyre » de la cause des femmes ne va pas non plus sans difficultés. Ce registre affectif et l'accent sur le sacrifice ont pour effet de dépolitiser son action, au mieux, en décrivant son engagement comme une passion, un choix émotif. L'historienne britannique June Purvis suggère d'ailleurs que loin d'être « une fanatique suicidaire, [...] c'était une femme raisonnable, réfléchie et religieuse ; quelqu'un qui prenait des risques et n'avait probablement pas l'intention de se tuer[32] ». Sa mort continue d'ailleurs à faire débat, puisque d'après d'autres interprétations, elle voulait en réalité accrocher l'écharpe des suffragettes sur le cheval du roi.

Après 1918

En conséquence directe de ces luttes d'avant guerre et des mutations sociales et politiques entraînées par la Grande Guerre, les femmes britanniques de plus de 30 ans obtiennent enfin le droit de vote par une loi adoptée en 1918. Ce n'est cependant qu'en 1928 qu'elles accèdent au suffrage sur un pied d'égalité avec les hommes, à 21 ans.

Quant à Emily Davison, loin des accusations de folie comme des idéalisations, on peut au contraire mettre en avant la modernité et le radicalisme de son militantisme. Ainsi, l'historienne Christine Bard souligne que dans le mouvement des suffragettes, qui met en scène et en danger le corps des femmes, Davison est celle qui va le plus loin, « la sacrifiée la plus célèbre[33] ». De fait, le spectacle et le corps des femmes sont essentiels dans l'activisme, y compris dans leurs aspects les plus transgressifs et polémiques. Le parallélisme avec les suffragettes a d'ailleurs été rappelé en 2022, lorsque deux étudiantes britanniques du collectif écologiste Just Stop Oil ont lancé une conserve de soupe sur le tableau de Van Gogh *Les Tournesols* à la National Gallery de Londres : les suffragettes avaient elles-mêmes déjà fait scandale en 1913 en attaquant des tableaux pour attirer l'attention sur leur cause.

BIBLIOGRAPHIE INDICATIVE

Dominici (Michèle), *Les Suffragettes, ni paillassons, ni prostituées*, documentaire, France, 2011.

Fisher (Lucy), *Emily Wilding Davison: The Martyr Suffragette*, Londres, Biteback Publishing, 2018.

Purvis (June), « Remembering Emily Wilding Davison (1872-1913) », *Women's History Review*, vol. 22, n° 3, 2013, p. 353-362.

Qiu Jin, poétesse et guerrière

À l'aube du XXe siècle, alors que la Chine traverse une profonde crise politique et sociale, Qiu Jin est une militante et une autrice essentielle pour la formulation et la mise en pratique d'un féminisme alliant patriotisme et révolution sociale, et pose des questions très actuelles sur l'autonomie corporelle des femmes. Poétesse engagée tout autant que guerrière maniant l'épée et les arts martiaux, elle se rebelle contre la morale confucianiste traditionnelle pour laquelle « chez les femmes, l'ignorance est vertu », et contre les normes corporelles imposées aux Chinoises, en particulier l'usage si douloureux du bandage des pieds. Comme d'autres femmes évoquées dans ce livre, Qiu Jin meurt jeune et en martyre révolutionnaire en 1907, à 32 ans, décapitée pour complot contre le gouvernement.

« J'exprime chaque jour le souhait ardent de voir les femmes se défaire de leur assujettissement, qu'elles deviennent les héroïnes d'un monde libre[34] »

Bien que sa famille lui accorde un degré de liberté inhabituel pour une fille en l'initiant aux arts martiaux et à l'équitation, jusqu'à ses 30 ans environ, Qiu Jin suit le parcours tout tracé des femmes issues des élites chinoises : bandage des pieds vers l'âge de 6 ans comme le veut la coutume, bonnes études, mariage socialement avantageux à 21 ans avec un riche marchand très conservateur, vie d'épouse et de mère modèles, dans laquelle elle semble avoir été malheureuse.

En cette fin de XIXe siècle, après d'importantes défaites militaires et le pillage de ses ressources et de son territoire par les puissances étrangères, la Chine traverse une période de crise politique et sociale. En 1898, c'est l'échec de la réforme des Cent Jours : le jeune empereur Guangxu, issu de la dynastie des Qing (1644-1911) mise en place par les Mandchous, tente de mener des réformes institutionnelles, économiques, militaires et éducatives pour moderniser le pays à vitesse accélérée, mais son entreprise est écrasée par le coup d'État et la répression violente ordonnés par l'impératrice Cixi. Néanmoins, l'opposition au pouvoir impérial sort encore renforcée de ces événements : le pays est en plein bouillonnement politique et, du libéralisme réformiste à des idées plus radicales comme l'anarchisme et le féminisme, nombreuses sont les tendances qui critiquent le pouvoir. Le parcours de Qiu Jin incarne bien ces dynamiques : le mouvement de réforme, combiné à la déroute financière de sa famille, aurait beaucoup impressionné la jeune femme et l'aurait encouragée sur la voie de l'activisme révolutionnaire et du féminisme.

« Libérant mes pieds j'ai effacé mille années de poison/d'un cœur brûlant j'ai éveillé cent âmes sœurs[35] »

Son mari ayant acheté une promotion, le couple et ses enfants s'installent vers 1902 à Pékin, où de nouveaux horizons s'ouvrent à Qiu Jin. Elle constate par elle-même les ravages de l'occupation de la Chine par les puissances étrangères, fréquente des milieux progressistes, lit la presse engagée pour la modernisation du pays, défait ses bandages. Elle fait partie d'un groupe de femmes de milieux aisés, pour qui féminisme, révolution et patriotisme sont indissociables, car les difficultés rencontrées par les Chinoises sont liées aux crises qui secouent le pays.

Avec l'éducation, la critique du bandage des pieds est une revendication centrale du féminisme chinois à l'aube du XXe siècle. Pour Qiu Jin, le bandage étouffe l'intellect des femmes et les enferme dans un impératif de séduction. Elle se livre alors à une critique très moderne des diktats physiques imposés aux femmes par les traditions : « Au lieu de chercher à acquérir des connaissances, à essayer d'exercer un métier qui leur permettrait de subvenir à leurs besoins, elles s'évertuent à se bander les pieds et à se maquiller pour plaire aux hommes », écrit-elle quelques années plus tard[36]. Les femmes se mutilent pour satisfaire les hommes, et « sacrifi[ent] [leur] vie », tant cette pratique est douloureuse et physiquement contraignante[37].

Loin d'être uniquement une affaire de femmes, les effets délétères du bandage se ressentent jusqu'aux relations internationales, car il justifie les critiques étrangères contre la Chine en la faisant apparaître comme rétrograde. Réciproquement, le féminisme n'est pas une cause particulariste et d'ordre privé, mais un engagement patriotique, car il est essentiel à la modernisation du pays. Tout au long de sa courte vie, Qiu Jin s'exprimera sous des formes diverses (poésie, essais, chants, nouvelles), réitérant le même message de la nécessité de l'émancipation des femmes pour la cause nationaliste. C'est d'ailleurs pendant cette période qu'elle compose *Pierres de l'oiseau Jingwei*, un récit à la fois écrit et oral sur la condition des femmes chinoises, dans une langue poétique et accessible à toutes.

« Ne dites pas que les femmes n'ont pas l'étoffe de héros[38] »

En 1903, Qiu Jin quitte son mari et ses deux enfants pour aller étudier au Japon, comme le font à l'époque nombre de jeunes révolutionnaires chinois. De la part d'une femme mariée et d'un rang social élevé, ce départ est scandaleux, mais c'est une libération et une période de radicalisation politique pour Qiu Jin, qui étudie pour devenir infirmière, apprend le japonais, développe sa maîtrise des arts martiaux et de l'épée.

Elle est active dans le milieu associatif des étudiants chinois à Tokyo ; elle fréquente des groupes révolutionnaires où l'introduit son cousin Xu Xilin, et flirte avec les idées anarchistes de révolution violente, lit des ouvrages d'histoire et de théorie politique, exprime ses idées par le journalisme et la poésie. Les talents d'oratrice qu'elle démontre dans les réunions la distinguent rapidement. Elle se consacre aussi à une intense propagande dans différentes sociétés secrètes étudiantes, et participe en 1904 à la création d'une société clandestine, le « groupe des dix », qui se donne pour mission de renverser la dynastie mandchoue. Elle prend part à la refondation de la première association de femmes chinoises, le *gonghai hui*, qui a pour but de renverser la dynastie Qing pour restaurer la prospérité en Chine.

« Une féministe qui rejette le féminin[39] »

Les thèmes de l'autonomie corporelle et de la force physique sont au cœur de l'activisme et de la pensée de Qiu Jin, qui veut encourager les femmes à prendre possession de leur corps, comme elle-même le fait. Plusieurs historiennes datent de son séjour au Japon sa transformation en féministe « guerrière », combattant avec agilité et portant l'épée, vêtue en « chevalier errant », c'est-à-dire arborant la tenue masculine mandchoue ou des vêtements masculins à l'occidentale. Cette figure est si marquante qu'un film d'art martial (largement fictionnel) intitulé *Qiu Jin, la guerrière* s'en inspire en 2011. Cette transformation vestimentaire défie les normes de genre et constitue un nouveau geste de rébellion contre les valeurs chinoises traditionnelles inspirées du philosophe Confucius, sur lesquelles repose l'ordre social du pays mais qui sont très contestées pendant cette période. Par ce détournement habile des codes masculins de la guerre, Qiu Jin met une image simple au service de la lutte révolutionnaire et rejette l'image de victime imposée aux femmes.

Retour en Chine

Début 1906, le durcissement des contrôles exercés sur les étudiants chinois et leurs activités politiques au Japon la conduit à rentrer en Chine. Sous la façade de divers emplois, notamment dans l'enseignement pour filles, c'est avant tout à préparer la révolution qu'elle va se consacrer. En janvier 1907, elle lance le *Journal des femmes chinoises*, premier journal féministe à Shanghai, qui, faute de moyens, n'aura que deux numéros. À la demande de groupes révolutionnaires, elle collecte des fonds et essaie d'unifier différents groupes pour préparer une insurrection en 1907, mais celle-ci échoue. Elle retourne alors dans sa région natale, dans la ville de Shaoxing. Elle enseigne dans une école dirigée par son cousin, et qui cache en réalité une cellule révolutionnaire formant les élèves au maniement des armes. Elle poursuit en parallèle son travail d'organisation révolutionnaire secrète, pour préparer la lutte armée qui seule, selon elle, peut renverser la dynastie Qing.

Elle est finalement arrêtée, à l'occasion d'un soulèvement révolutionnaire qu'elle avait planifié pour prendre le contrôle de la ville de Hangzhou mais dont la rumeur s'ébruite. Même sous la torture, elle refuse de révéler les projets de l'organisation révolutionnaire du Guangfuhui contre la dynastie impériale. Le 15 juillet 1907, elle est exécutée après un procès sommaire, qui suscite l'indignation de l'opinion jusque dans ses franges modérées. Qiu Jin est la première femme décapitée par le pouvoir mandchou. À la veille de son exécution, elle a écrit ces beaux vers mélancoliques : « Pluies et vents d'automne, ravageant le cœur des hommes ».

Corps sacrifié

Les réformes multiples et la répression brutale des courants contestataires par le pouvoir ne pourront pas endiguer le mouvement révolutionnaire, qui finit par renverser la dynastie Qing chancelante en 1911 ; le régime impérial installé depuis plus de deux millénaires est alors remplacé par une république de Chine, qui perdurera jusqu'en 1949. Tous les fondements de la société et de la politique chinoises se sont effondrés en l'espace de quinze ans ; Qiu Jin y aura contribué par sa pensée, ses écrits et son action dans les groupes révolutionnaires.

La chercheuse Brigitte Duzan établit des parallèles entre l'exécution brutale de Qiu Jin et celles des héroïnes romantiques de la Révolution française allant au bout de leur sacrifice, et avec Théroigne de Méricourt, si cruellement mise en spectacle[40]. La destinée posthume complexe de Qiu Jin montre une lente reconnaissance officielle de son statut de révolutionnaire de premier plan : après un premier enterrement rapide et sans cérémonie après son exécution, dans un climat de répression contre-révolutionnaire intense qui contraint ses proches à la discrétion, il faudra neuf enterrements avant qu'en 1981 elle soit inhumée dans les formes par le parti communiste chinois.

BIBLIOGRAPHIE INDICATIVE

Duzan (Brigitte), « Qiu Jin, 1875-1907. Présentation », 5 juillet 2019, actualisé 17 juillet 2020, http://www.chinese-shortstories.com/Auteurs_de_a_z_Qiu_Jin.htm

Gipoulon (Catherine), *Qiu Jin, Pierres de l'oiseau Jingwei. Femme et révolutionnaire en Chine au XIXe siècle*, Paris, Éditions des femmes, 1976.

Liu (Lydia H.), Karl (Rebecca E.) et Ko (Dorothy) (dir.), *The Birth of Chinese Feminism. Essential Texts in Transnational Theory*, New York et Chichester, Columbia University Press, 2013.

Emma Goldman et Margaret Sanger, pour les droits reproductifs

New York, 20 avril 1916. L'anarchiste Emma Goldman, brillante oratrice et bête noire des autorités américaines et internationales, est à la barre et va assurer sa propre défense. Elle a été arrêtée en février. Son crime ? Avoir donné deux conférences publiques sur la contraception face à un large public avide d'informations sur cette question. Une telle prise de parole est interdite par la loi Comstock de 1873, qui sanctionne la distribution d'informations sur la contraception, au nom de la lutte fédérale contre l'obscénité. À l'issue du procès, elle sera jugée coupable ; condamnée à 100 dollars d'amende ou à quinze jours de prison pour son apologie de la contraception, elle opte pour la prison « par principe ».

Entre-temps, elle aura profité de cette tribune pour défendre le droit à la contraception pendant une heure, déclarant haut et fort, avec la liberté de ton et d'esprit qui la caractérise, que « si [c'est] un crime d'œuvrer en faveur d'une maternité saine et d'une vie heureuse de l'enfant, [je suis] fière d'être considérée comme une criminelle[41] ». Une bonne occasion de revenir sur le parcours d'Emma Goldman et sur la lente et tortueuse bataille pour l'obtention des droits reproductifs, et ses liens avec le radicalisme politique et l'anarchisme au début du XXe siècle.

Itinéraire d'une agitatrice professionnelle

Emma Goldman n'en est pas à son coup d'essai : en 1916, elle a derrière elle une vie mouvementée de mobilisations radicales. Ce n'est ni son premier ni son dernier procès, loin de là : dès 1893, elle a été condamnée à New York pour incitation à l'émeute, après avoir mené une manifestation de 1 000 chômeurs et affirmé qu'il est juste de voler du pain si l'on a faim. En 1901, soupçonnée de complicité dans l'assassinat du président des États-Unis, William McKinley, par l'anarchiste Leon Czolgosz, elle est brièvement arrêtée. En 1917, elle est condamnée à deux ans de prison puis à l'expulsion des États-Unis. Et ce n'est là qu'un échantillon des vicissitudes judiciaires auxquelles elle a fait face avec aplomb.

Née en 1869 dans l'actuelle Lituanie, qui fait alors partie de l'Empire russe, elle a émigré avec sa sœur aux États-Unis en 1885, en quête d'émancipation personnelle et politique. Elle déchante vite à son arrivée en constatant les duretés de la vie ouvrière. Mais c'est aux États-Unis qu'elle va devenir l'une des personnalités les plus importantes du mouvement anarchiste, en plein essor. Après quelques années mornes et épuisantes dans la ville de Rochester, dans l'État de New York, où elle travaille comme couturière et fabricante de corsets, et après un mariage raté, elle se politise sous le coup de la misère qu'elle observe. Elle est profondément marquée par l'exécution de quatre anarchistes à Chicago, après le procès-spectacle du Haymarket de 1887, une machination judiciaire pour sanctionner les mobilisations ouvrières en faveur de la journée de travail de 8 heures. En 1889, installée à New York, elle fréquente les milieux anarchistes, prend part à des réunions, organise des grèves. Elle devient une théoricienne et une conférencière renommée, dans une ville en pleine effervescence politique.

Anarchisme, femmes et droits reproductifs

Le dénominateur commun entre les nombreux courants anarchistes actifs dans le monde entier à partir de la fin des années 1870 est l'opposition à l'État et la volonté d'émancipation individuelle et collective. Cet anarchisme exprime aussi l'aspiration à une société plus juste, fondée sur le partage des richesses et une solidarité profonde entre individus, plutôt que la compétition. Les femmes ont un statut compliqué dans ce mouvement. L'anarchisme insiste sur l'émancipation sexuelle et rompt avec la morale établie, ce qui explique également son importance dans le militantisme pour les droits reproductifs ; cependant, il relègue au second plan ou rejette tout simplement les grandes causes militantes de l'époque, comme l'égalité économique, la syndicalisation des femmes ou la lutte pour le suffrage (ce qui est logique pour un mouvement opposé au principe même de la représentation politique). Les militantes anarchistes, minoritaires mais bien présentes dans le mouvement, sont rarement reconnues, à quelques rares exceptions près, comme Louise Michel en France et Emma Goldman aux États-Unis.

L'une des principales activistes des droits reproductifs aux États-Unis, qui est aussi la fondatrice du mouvement pour le contrôle des naissances, est d'ailleurs elle aussi brièvement anarchiste et n'a guère accédé à la notoriété publique :

Margaret Sanger. Infirmière de profession comme Emma Goldman, Margaret Sanger a observé en travaillant à New York les dégâts sanitaires et économiques d'une fertilité incontrôlée, et affirme le droit des femmes à contrôler leur corps. À partir de 1912, elle multiplie les publications sur la question, à l'intention du grand public. Son livre *What Every Girl Should Know* (*Ce que toute fille devrait savoir*), paru en feuilleton dans un journal socialiste à partir de 1913, évoque frontalement des sujets intimes et tabous, de la puberté à la ménopause, en passant par « les conséquences de l'ignorance » que sont les maladies sexuellement transmissibles ; il est dédicacé à « toutes les travailleuses du monde, avec toute mon affection ».

En 1916, quand a lieu le procès d'Emma Goldman, Margaret Sanger a elle aussi déjà eu maille à partir avec la justice pour avoir distribué des informations sur la contraception. Cette même année, dans le quartier surpeuplé, ouvrier et majoritairement immigré de Brownsville, à Brooklyn, elle ouvre le premier centre de planning familial. Cela lui vaut une arrestation pour « trouble à l'ordre public » et violation des lois contre l'obscénité, toujours au titre de la loi Comstock. Médiatiser la question de la contraception grâce à une action choc, c'est précisément ce que recherchait Margaret Sanger ; coup réussi, donc, d'autant plus que la clinique accueille 450 visiteurs en seulement neuf jours, avant d'être fermée par la police[42]. Comme Emma Goldman, Sanger se sert du procès qui suit pour dénoncer les ravages socioéconomiques et sanitaires de l'interdiction de la contraception. Comme Goldman aussi, elle choisit de purger une peine de prison de trente jours qu'elle aurait pu éviter, pour afficher son refus de reconnaître la loi en vertu de laquelle elle est condamnée.

Emma Goldman, elle, a intégré la question des droits reproductifs dans son éventail de conférences au début des années 1900. Elle distribue des informations sur les différentes méthodes contraceptives disponibles à l'époque : préservatif, cape cervicale, diaphragme, suppositoire, douche vaginale. C'est une femme pleine d'humour, de talent et d'empathie, de passion pour les arts, les fleurs, la danse et la musique, aux antipodes d'une conception austère de la révolution. Elle est tout aussi libre dans ses attachements amoureux et sexuels, pratiquant ce que les anarchistes appellent l'« amour libre » et commettant ainsi le « crime suprême et impardonnable » de vivre sa philosophie, selon le mot de son ami Hippolyte Havel[43]. Elle puise dans son expérience d'infirmière et de sage-femme, métier qu'elle exerce depuis les années 1890 et dans lequel elle observe directement les ravages cumulés de la pauvreté et de l'absence de contrôle des naissances.

La contraception a des enjeux multiples : elle découle du droit des femmes à décider si elles veulent donner naissance, surtout dans un monde si dur, et de la lutte pour la liberté d'expression et de la presse. Pour une anarchiste, c'est aussi une évidence que l'État n'a pas à contrôler le corps des femmes. La natalité est cependant un sujet profondément politique, tout particulièrement dans ces années agitées par de fortes angoisses de dépopulation. Face à ce courant nataliste dominant, les anarchistes comptent parmi ceux qui défendent le contrôle choisi des naissances.

« Emma la rouge » à la barre

En 1915, Emma Goldman avait déjà été arrêtée dans l'État d'Oregon, pour avoir distribué des documents sur la contraception. Lors du procès qui suit son arrestation en février 1916, sans illusion quant au fait que son activisme anarchiste explique en grande partie l'acharnement policier dont elle fait l'objet, elle concentre sa plaidoirie sur l'aveuglement des pouvoirs publics en matière de contraception. Contre la loi Comstock, qui considère comme « obscène » la diffusion d'informations sur le sujet, elle insiste sur la misère dans laquelle la surnatalité plonge les familles ouvrières. Son argumentation est logique et pragmatique : « Quand une loi est dépassée et inutile, il faut s'en débarrasser et sensibiliser le public au fait qu'elle est périmée[44]. » Avec l'assurance voire le culot qui lui appartient, elle assure sa propre défense et rapporte dans les colonnes de sa célèbre revue *Mother Earth* comment elle a mis au jour « l'ignorance crasse » des témoins en matière de contraception[45].

Sa défense vise surtout à prouver qu'elle n'a pas tenté de vendre des contraceptifs, et que sa propagande pour la contraception s'intègre dans un mouvement intellectuel et scientifique international et qui a des soutiens éminents. Comme Margaret Sanger, son intention est de contester la loi Comstock et la criminalisation de la contraception, et elle a bien compris le rôle du spectacle et de l'opinion publique dans cette campagne. Malgré sa démonstration applaudie, elle reste en détention et quitte le tribunal sous les applaudissements de la foule. Comme prévu, le procès stimule la mobilisation pour le contrôle des naissances, dont celle de quarante femmes à San Francisco, qui se déclarent prêtes à publier des brochures sur le sujet, quitte à être emprisonnées. À sa sortie de prison, Emma Goldman est accueillie par un nouveau meeting consacré à la contraception[46].

Sanger et Goldman jouent un rôle décisif dans la longue marche vers la légalisation de la contraception. Dans les années qui suivent le procès de Margaret Sanger, les médecins sont autorisés à conseiller leurs patientes mariées sur la contraception. Elle reste active sur tous les fronts, aux États-Unis et à l'international : dans les années 1920, elle lance de nouvelles publications, cliniques et associations pour diffuser les connaissances sur la contraception et les mettre en pratique. À terme, son activisme joue un rôle central dans la mise en place du planning familial national (*Planned Parenthood*), dans les années 1940.

Emma Goldman fut la femme de nombreux combats ; expulsée des États-Unis en 1919, elle part pour la Russie révolutionnaire, qui est pour elle une immense désillusion, mais où elle rencontre Alexandra Kollontaï. À 67 ans, elle se rendra en 1936 en Espagne au début de la guerre civile pour donner des conférences et observer par elle-même la révolution anarchiste, et écrira dans le journal *Mujeres Libres*. L'une de ses principales traductrices en français, Cathy Bernheim, traduit également les textes d'Angela Davis ; c'est aussi une figure importante du Mouvement de libération des femmes (MLF), qui dans les années 1970 œuvrera pour la légalisation de l'avortement.

Emma Goldman se trouve ainsi au centre d'importants réseaux d'idées et d'activistes internationaux. Ses conceptions et ses textes sur le pouvoir, le travail, la religion, les rôles de genre conservent une lucidité et une actualité frappantes. Son militantisme et celui de Margaret Sanger trouvent leur prolongement dans les luttes d'aujourd'hui, avec l'abrogation en 2022 de l'arrêt Roe v. Wade, qui permettait aux femmes d'avorter dans tous les États-Unis, et le retour en force de la loi Comstock, utilisée pour interdire la pilule abortive : l'autonomie corporelle des femmes reste un enjeu de luttes politiques intenses.

BIBLIOGRAPHIE INDICATIVE

Béja (Alice), « Emma Goldman, vivre la révolution (1869-1940), France Culture, 2018, https://www.radiofrance.fr/franceculture/podcasts/une-vie-une-oeuvre/emma-goldman-vivre-la-revolution-1869-1940-7257369

Goldman (Emma), *Vivre ma vie. Une anarchiste au temps des révolutions*, Paris, L'Échappée, 2022 (1931), traduit de l'anglais (États-Unis) par Laure Batier et Jacqueline Reuss.

Goldman (Emma), *L'Anarchisme : ce dont il s'agit vraiment. Et autres textes anarcha-féministes*, Paris, Payot et Rivages, 2022.

Alexandra Kollontaï, par les femmes et pour les femmes

À l'aube du XXe siècle, constate Alexandra Kollontaï, les femmes « vivaient encore sous l'ancien joug : aucune autorité dans la vie familiale, asservies par un millier de tâches domestiques, ayant à charge tout le fardeau de la maternité, et même des questions d'ordre matériel[47] ». Alors, à quoi bon une révolution ouvrière et communiste, si elle ne transforme pas radicalement l'existence des femmes les plus vulnérables et démunies ?

Cette question anime la vie et l'œuvre d'Alexandra Kollontaï, championne de l'émancipation des femmes au sein du mouvement communiste en pleine période révolutionnaire, quand le changement est soudainement possible. Théoricienne, oratrice, organisatrice et femme politique de talent à la stature internationale, Alexandra Kollontaï crée les structures d'un féminisme prolétaire, en pensant de façon nouvelle les liens entre genre et classe sociale, entre féminisme et révolution. Fuyant la conjugalité pour vivre pleinement sa vocation intellectuelle et politique, célébrant et pratiquant l'amour libre tout en théorisant la morale communiste dans le domaine des relations conjugales, elle intègre pleinement les mœurs et la sexualité à sa réflexion sur l'émancipation des femmes.

Une jeunesse dans la Russie prérévolutionnaire

Née en 1872 à Saint-Pétersbourg, dans une famille d'aristocrates politisés et progressistes, la jeune Alexandra est brillante et curieuse. Animée d'un sens aigu de la liberté et de l'injustice, elle décide contre le gré de ses parents d'entreprendre des études puis, en 1893, de faire un mariage d'amour avec son cousin Vladimir Kollontaï. Un fils, Mikhail, naît de cette union, mais le mariage apparaît rapidement à Alexandra comme une prison. Sous le régime répressif et autocratique du tsar Nicolas II, la Russie est travaillée par de forts courants réformistes et révolutionnaires, qui happent Alexandra Kollontaï : elle donne des cours du soir pour les ouvriers, organise une grève de travailleurs de l'industrie textile puis, en 1898, quitte mari et enfant pour étudier l'économie politique à Zurich, en Suisse.

Ce départ marque pour elle « l'avènement d'une vie consciente, consacrée aux aspirations révolutionnaires de la classe ouvrière », et c'est pendant ce séjour qu'est scellée son adhésion au marxisme[48]. De retour en Russie l'année suivante, elle se lance dans la propagande et la théorie politique, et se spécialise dans l'étude de l'économie finlandaise. Elle voyage, développe ses idées, se lie à l'élite du socialisme révolutionnaire international. Elle est proche des mencheviques, une faction minoritaire et modérée du parti ouvrier qui prône la transformation de la Russie par la révolution.

Mettre les femmes sur un « pied d'égalité avec les hommes[49] »

Le 9 janvier 1905, elle est parmi celles et ceux qui manifestent à Saint-Pétersbourg pour apporter au tsar une pétition exigeant des réformes. Ce tristement célèbre « Dimanche sanglant » se solde par un massacre d'ouvriers, mais l'agitation populaire continue toute l'année, arrachant des concessions insuffisantes à Nicolas II. Pendant cette révolution avortée de 1905, Kollontaï constate l'omniprésence des femmes dans les luttes. Elle est cependant méfiante vis-à-vis du féminisme bourgeois qui est en pleine expansion ; contre ce féminisme qui affirme l'égalité entre toutes les femmes par-delà les différences sociales et nie les conflits d'intérêts entre les classes sociales, elle appelle la création d'organisations d'ouvrières révolutionnaires. En raison de ses efforts pour créer une organisation strictement féminine, elle est accusée de diviser les forces révolutionnaires ; peu étonnant, puisque ses positions mettent en lumière les limites de la théorie communiste concernant l'émancipation des femmes, la domination des hommes au sein du parti, ainsi que les stéréotypes de genre qui justifient l'exclusion des femmes de l'organisation révolutionnaire.

Comme l'écrit sa biographe Cathy Porter, Kollontaï lutte donc à la fois contre les féministes bourgeoises et contre la misogynie parmi les communistes. L'unité de la classe ouvrière est loin d'être acquise : l'émancipation des femmes est perçue par de nombreux cadres du parti comme une menace, et la tension entre genre et classe joue à plein. Alexandra Kollontaï parvient cependant à mettre en place un club d'ouvrières en 1907 ; sa brève existence porte sur la scène internationale des revendications proprement ouvrières pour le suffrage universel et la protection légale des travailleuses.

Militantisme international et moralité nouvelle

Fin 1908, recherchée par la police pour avoir organisé des ouvrières du textile et appelé à l'insurrection, elle s'exile. Pendant près d'une décennie, elle poursuit son travail d'organisation et de politisation des ouvrières et de diffusion des idées communistes dans toute l'Europe et aux États-Unis, portée par ses talents d'oratrice et sa maîtrise des langues. En 1909, son essai *Les Bases sociales de la question féminine* redéfinit la sphère du politique en y intégrant les questions liées à la famille et à la sexualité. Elle souligne l'impératif d'une moralité nouvelle, où la transformation « des formes actuelles de la famille, qui sont dépassées et oppressives » aurait la même importance que l'égalité politique et l'indépendance économique. C'est donc à l'État que revient la responsabilité du travail domestique et maternel qui, au sein du couple, incombe toujours aux femmes ; cette prise en charge serait le premier pas vers un « amour libre », choisi et enfin affranchi de ces contraintes sociales et économiques[50].

Une armée internationale de femmes prolétaires

Aux côtés de son amie et collaboratrice, la communiste allemande Clara Zetkin, elle milite aussi pour l'organisation des femmes et le suffrage féminin au niveau international ; elle entre au secrétariat de l'Internationale socialiste des femmes créée en 1907 en marge de la Seconde Internationale, qui est alors la principale organisation révolutionnaire socialiste internationale. Cette séparation dans les institutions reflète et formalise la marginalisation des luttes des femmes au sein du socialisme révolutionnaire international.

En août 1910, le second Congrès des femmes socialistes qui se tient à Copenhague adopte la résolution proposée par Clara Zetkin d'une journée de mobilisation internationale des femmes, en vue de l'union pour obtenir le droit de vote des ouvrières, indispensable pour améliorer leur situation économique. L'initiative est socialiste plutôt que strictement féministe, ce terme restant associé au féminisme bourgeois. Cette journée est célébrée clandestinement en Russie en 1913 et 1914, tandis que la revendication du droit de vote des femmes se mue en « appel public pour le renversement de l'autocratie tsariste[51] ».

En 1917, les violences et privations de la guerre radicalisent les ouvrières et paysannes russes, qui manifestent en masse à Petrograd (actuelle Saint-Pétersbourg) le 8 mars, sans que la police ose intervenir. Ainsi commence la révolution de 1917. Le 8 mars sera désormais, selon les termes de Kollontaï, « une journée internationale de lutte pour la libération totale et absolue des femmes », grâce au renversement du capitalisme et à la prise de pouvoir des ouvriers. Il est officiellement instauré comme journée de mobilisation en 1922, en souvenir des manifestations de Petrograd ; on est bien loin de l'actuelle « Journée de la femme » encore célébrée le 8 mars, dépolitisée et sujette à une forte récupération commerciale.

L'époque des grandes premières

Des centaines de milliers de femmes actives dans les réunions, les rassemblements, les manifestations ont contribué à renverser le régime tsariste et mettre en place un gouvernement populaire en 1917. Kollontaï rentre alors dans son pays natal. En exil, elle s'est rapprochée des bolcheviques qui, face aux mencheviques, veulent la révolution par la dictature du prolétariat. Lorsque les bolcheviques l'emportent et prennent le pouvoir en octobre, elle est nommée au Comité central du parti ; elle est la première femme à y siéger, et la deuxième à participer à un gouvernement en Russie. C'est une période de progrès exceptionnel pour les droits des femmes : toutes les lois tsaristes sur la famille sont abolies et, en décembre 1917, des décrets facilitant le divorce, le mariage civil et non religieux sont promulgués. Une obligation de soutien financier mutuel dans les familles en cas de difficulté est instaurée.

Alexandra Kollontaï occupe aussi pendant quelques mois le poste de commissaire du peuple aux affaires sociales, dans lequel elle fait adopter des mesures concrètes pour les femmes et les plus vulnérables. Elle tente d'améliorer la situation des invalides de guerre, fait abolir l'éducation religieuse dans les écoles publiques, réorganise les orphelinats et l'accueil des enfants des rues, met en place des cantines, des crèches, des maternités, fait promulguer une loi pour l'égalité salariale hommes-femmes, une autre contre les violences conjugales. Nationaliser l'aide aux mères et à l'enfance reste un objectif clé ; elle lance l'initiative d'un Palais pour la protection des mères, qui serait un hôpital pour les mères et les enfants, équipé de crèches et offrant des cours. Ce Palais suscite cependant une très forte hostilité et finit incendié. Alexandra Kollontaï continue sa propagande, voyage dans toute la Russie.

Elle démissionne du gouvernement en mars 1918 et travaille à soutenir les femmes qui travaillent. En 1920, elle prend pour trois ans la tête du Jenodtel, la section féminine du parti communiste chargée de l'émancipation des femmes, qu'elle a cofondée l'année précédente. C'est l'occasion d'une nouvelle série de mesures importantes, pour limiter le travail à 8 heures par jour, mettre en place la Sécurité sociale et le congé maternité, interdire le travail de nuit des enfants. En Asie centrale, le Jenodtel organise des retraits collectifs de voiles et des cours d'alphabétisation. L'accès à l'éducation progresse aussi fortement.

« Vieillesse sereine après une jeunesse orageuse[52] »

À partir de 1921, ses critiques de la bureaucratisation du parti et de la répression des soulèvements populaires par le pouvoir bolchevique finissent par provoquer les foudres de Vladimir Lénine. Sa vie amoureuse libre et ses écrits en faveur d'une nouvelle morale sexuelle continuent de choquer et lui valent énormément de critiques de ceux qui y voient une diversion de préoccupations sociales et économiques essentielles, ainsi qu'une incitation à la débauche sexuelle chez les jeunes[53]. Elle s'exile donc à nouveau en 1922, à Oslo, où elle est bientôt nommée dans un rôle diplomatique, une autre première pour une femme. Ses qualités de diplomate sont louées, notamment son talent pour la négociation commerciale. Elle sera l'ambassadrice de l'URSS en Norvège jusqu'en 1930, avec un bref interlude au Mexique, puis en Suède de 1930 à 1945. C'est là qu'elle écrit une série d'articles qui relance la polémique sur la liberté sexuelle.

La période de l'opposition prend fin : les luttes de pouvoir déchirent le parti communiste russe et, dans les années 1920, Alexandra Kollontaï se range progressivement dans le camp du secrétaire général du Comité central du parti communiste, le futur dictateur Joseph Staline, malgré ses méthodes de plus en plus autocratiques. En 1935, elle est nommée déléguée de l'Union soviétique sur la question des femmes à la Société des Nations (l'ancêtre des Nations unies actuelles), à Genève. Après les progrès de la période révolutionnaire, on assiste à un grand retour en arrière dans l'émancipation des femmes en Russie : l'avortement est de nouveau interdit en 1936 et l'accès au divorce restreint.

En 1945, malade et vieillissante, Alexandra Kollontaï rentre en Russie, où elle meurt en 1952. Son soutien à Staline a entaché sa réputation, mais son parcours et son œuvre lèvent le voile sur un monde de militantes qui se sont consacrées à l'émancipation des femmes, souvent contre leur propre parti. Ses conflits à répétition avec les dirigeants bolcheviques, en raison de sa détermination à combiner le marxisme avec un féminisme prolétaire et à faire advenir le changement par en bas, montrent combien il peut être difficile de faire avancer la cause des femmes, même en pleine révolution.

BIBLIOGRAPHIE INDICATIVE

Bailes (Kendall E.) et Imbert (Marie-José), « Alexandra Kollontaï et la Nouvelle Morale », *Cahiers du monde russe et soviétique*, vol. 6, n° 4, octobre-décembre 1965, p. 471-496.

Carrère d'Encausse (Hélène), *Alexandra Kollontaï. La Walkyrie de la Révolution*, Paris, Fayard, 2021.

Novikova (Natalia) et Ghodsee (Kristen), « Alexandra Kollontai (1872-1952) : Communism as the Only Way Toward Women's Liberation », *in* Francisca de Haan (dir.), *The Palgrave Handbook of Communist Women Activists around the World*, Londres, Palgrave, 2023, p. 59-96.

Lina Odena et les collectifs espagnols Mujeres Libres

Lina Odena est une militante communiste à la carrière aussi brève que fulgurante, dans les rangs et la presse du parti communiste ainsi que dans la lutte armée. Son suicide, pour échapper à la capture par les phalanges fascistes, fait d'elle la première femme républicaine à mourir au front, dans les premiers mois de la guerre civile espagnole de 1936-1939. Odena et les collectifs révolutionnaires Mujeres Libres (« Femmes libres ») qui s'organisent à partir de 1936 incarnent deux versants de cette période de bouleversement politique et social, qui transforme temporairement le rôle des femmes.

Lina Odena : communiste et *miliciana*

Issue d'une famille modeste de Barcelone, elle adhère au parti communiste espagnol avant même ses 18 ans ; son ardeur et sa force de conviction sont remarquées et elle gravit rapidement la hiérarchie du parti. En 1933, elle est la secrétaire générale des jeunesses communistes et s'impose comme organisatrice. Le climat politique progressiste est favorable à une participation politique accrue des femmes. L'Espagne a traversé plusieurs décennies de crises politiques ; la pauvreté endémique touche plus de la moitié de la population, les structures économiques sont archaïques et profondément inégalitaires, et la tutelle de l'Église catholique et de l'armée écrasante.

Mais, après sept ans de dictature militaire sous la monarchie d'Alphonse XIII, la victoire d'une coalition socialiste-républicaine aux élections municipales aboutit à la proclamation de la Seconde République en avril 1931. La jeune République lance une vague de réformes qui remettent en question l'« infériorisation séculaire[54] » des femmes et posent l'« égalité des droits des deux sexes » comme principe constitutionnel. La région de Catalogne et sa capitale Barcelone sont des bastions d'activité syndicale et révolutionnaire et un terrain de luttes politiques intenses : Lina Odena y prend les armes pendant un soulèvement révolutionnaire raté en octobre 1934. Elle doit alors se cacher pendant près d'un an, avant d'être arrêtée et emprisonnée puis de pouvoir reprendre ses activités politiques. En février 1936, le parti communiste la nomme assistante de la célèbre militante Dolores Ibárruri, dite « la Pasionaria ».

Une grande instabilité politique continue d'agiter la Seconde République. Le 18 juillet 1936 survient le coup d'État militaire du général fasciste Francisco Franco ; il est immédiatement suivi par une révolution populaire massive, et sa répression ouvre la voie à la guerre civile. La résistance populaire se dresse dans tout le pays. Environ 1 000 femmes combattent en première ligne, jouant un rôle militaire important, même s'il reste souvent combiné à des tâches domestiques, surtout pour les femmes à l'arrière-garde. Cette intervention militaire met au défi les rôles de genre traditionnels et représente une conception nouvelle de la citoyenneté féminine en armes. La figure de la *miliciana* combattante cristallise nombre de fantasmes et des discours contradictoires : les uns y voient une figure de femme émancipée souvent érotisée, tandis que pour d'autres, ces combattantes menacent de déviriliser la population espagnole et d'anéantir les valeurs traditionnelles[55].

Odena est à nouveau parmi celles qui prennent les armes, et s'impose comme une dirigeante majeure de la résistance antifasciste. En juillet 1936, elle travaille à l'organisation de milices en Andalousie, au sud-est du pays, et se bat en première ligne. Elle va ensuite à Guadix (province de Grenade, toujours en Andalousie), où elle dirige les milices. Elle combat dans différents secteurs sur le front de Grenade, toujours à la tête de milices armées, et accède au grade de commandante.

Le 13 septembre 1936, elle se perd lors d'une mission d'exploration derrière les lignes ennemies, dans le secteur de Guadix. Cernée par des phalangistes, un groupement paramilitaire fasciste, ultranationaliste et viriliste, et bien consciente qu'elle serait une proie précieuse pour les forces franquistes, elle utilise sa dernière balle pour se donner la mort et échapper à la capture, au viol et aux tortures. Sa mort courageuse, rapidement annoncée dans la presse socialiste et communiste, suscite une vive émotion, et Odena devient vite une icône républicaine de la lutte contre le fascisme, qui symbolise l'indépendance et la liberté de l'Espagne.

Un bataillon communiste madrilène est nommé en son honneur dès octobre ; il est composé de femmes de 20 à 35 ans, et les volontaires sont encouragées. Mais en cette fin 1936, on entend des arguments contre l'intervention des femmes et pour le retour aux rôles de genre traditionnels, y compris parmi les républicains : ces femmes manqueraient de formation militaire, leur nature féminine serait incompatible avec le combat, elles s'adonneraient à des relations sexuelles et à la prostitution, causant la prolifération de maladies sexuellement transmissibles. Le 1er décembre 1936, les dirigeants républicains mettent officiellement un terme à la participation militaire des *milicianas* et les obligent à déposer les armes.

Peu de progrès ont donc été accomplis depuis la Révolution française : l'idéal d'une citoyenneté en armes formulé par Théroigne de Méricourt reste vivace, mais aussi l'attribution de tâches domestiques aux femmes présentes au front, puis leur exclusion de l'armée sous des prétextes empreints de misogynie. C'est la fin d'un épisode de participation militaire féminine important dans l'histoire de l'Espagne, qui reste central dans les mémoires de gauche internationales. On estime à environ 5 000 le nombre de femmes armées et prêtes à se battre pour défendre leur ville dans les bataillons d'arrière-front, avec autant de combattantes espagnoles ou venues de l'étranger.

Mujeres Libres, une révolution féministe prolétarienne

La révolution ne se fait pas uniquement au front. Outre les progrès de l'égalité sur le plan politique pendant cette période, qui voit l'obtention du suffrage féminin et du droit de se présenter à des élections, les militantes anarchistes et syndicalistes des Mujeres Libres incarnent un autre versant de cette Espagne révolutionnaire. Comme on l'a vu à travers la figure d'Emma Goldman, depuis la fin du XIXe siècle, la libération des femmes fait partie intégrante de la vision de l'anarchisme, un courant politique opposé à toutes les formes de domination, qui met aussi l'accent sur les dimensions personnelles de l'émancipation et le rôle de l'éducation, proposant une vision communautaire de la société, solidaire plutôt qu'individualiste et hiérarchique. Dans la plupart des pays européens, l'anarchisme est marginalisé après la Première Guerre mondiale ; l'Espagne, où il reste très dynamique et influent, fait exception.

La guerre qui éclate en 1936 inaugure une période de transformation sociale qui rend possible la mise en pratique des principes économiques anarchistes et syndicalistes révolutionnaires. Cette révolution sociale dure moins d'un an ; l'organisation Mujeres Libres, qui lui survit, est le fruit de ces expérimentations. Elle est aussi enracinée dans le militantisme de femmes dans le mouvement syndical et anarchiste dès 1934, où nombre d'entre elles font l'expérience amère de la domination masculine, tandis que la cause de l'émancipation féminine est souvent reléguée au second plan, voire critiquée ; les discriminations de genre au sein des mouvements émancipateurs sont une réalité contre laquelle se heurtent plusieurs des femmes évoquées dans ce livre.

Ainsi les militantes prennent-elles conscience de la nécessité d'une organisation féminine autonome, pour dépasser l'oppression des femmes au sein même du mouvement ouvrier et obtenir des améliorations concrètes. Des groupes féminins sont créés, notamment en Catalogne. Trois femmes lancent un groupe de femmes à Madrid en 1936, Mujeres Libres (« Femmes libres ») : Lucía Sánchez Saornil, Mercedes Comaposada et Amparo Poch y Gascón. Toutes trois ont connu le sexisme des cercles militants, tandis que se développent dans tout le pays des organisations exclusivement féminines. Fin 1936, deux groupes, actifs à Madrid et à Barcelone respectivement, s'associent dans une fédération, alors même que la guerre civile ouvre de vastes possibilités d'action. Cette fédération devient la principale organisation de femmes autonome et ouvrière en Espagne. Mujeres Libres, c'est aussi une revue du même nom lancée par le groupe madrilène, dont treize numéros paraissent entre mai 1936 et 1938, et dont les contenus riches reflètent le vaste programme émancipateur de l'organisation.

Ce mouvement, qui finit par compter environ 20 000 membres, est principalement composé d'ouvrières. Tout en se consacrant à l'émancipation des femmes, il ne se définit pas comme féministe et rejette même ce terme, qui est perçu comme antagoniste vis-à-vis des hommes[56]. L'émergence de Mujeres Libres pose néanmoins la question d'une révolution féministe en pleine guerre civile. Ce mouvement à la fois rural et urbain insiste sur le genre et son rôle dans les communautés et dans les possibilités de libération.

Sur le terrain, les collectifs se consacrent à l'action et à la conscientisation, ou, pour reprendre les concepts utilisés par l'historienne Martha Ackelsberg, la *captación* (incorporer les femmes dans le mouvement) et la *capacitación* (les former à l'activisme révolutionnaire)[57]. La priorité est donnée à l'éducation : alphabétisation, cours théoriques et pratiques dans un vaste éventail de matières, formation d'enseignantes, cours du soir pour celles qui travaillent, apprentissages pour former des travailleuses qualifiées, ouverture de crèches dans les usines et ateliers. Mujeres Libres s'emploie à enseigner aux femmes à s'organiser et se développer « en tant que personnes ». Les collectifs apportent également leur soutien à l'engagement des femmes au front, aux réfugiés de guerre, et de l'aide pratique.

L'existence de l'organisation sera brève, mais elle aura une grande postérité dans les pratiques comme les mémoires militantes. Elle s'effondre sous l'effet de conflits internes, de difficultés de fonctionnement (notamment dues au faible soutien, y compris financier, des grandes organisations anarchistes et syndicalistes) et, surtout, de la répression qui s'abat début 1939 avec la victoire du camp nationaliste. Nombre de ces femmes libres seront alors contraintes au silence et à l'exil, notamment en France.

Femmes en révolution

Les révolutions transforment les rôles de genre ; la guerre d'Espagne l'illustre de manière éloquente, tant la question du rôle des femmes dans les combats et la société en général imprègne toute cette période, couvrant un vaste spectre idéologique ainsi que des pratiques très diverses. La condition féminine a été transformée et interrogée, de façon aussi brève que radicale ; réciproquement, le rôle, la place et les droits des femmes sont devenus des enjeux de premier plan pour la nation espagnole. Les partisanes comme Lina Odena semblent incarner un risque de dévirilisation de la société et de l'identité espagnoles, cristallisant ainsi une panique morale. La dictature franquiste, elle, imposera le retour à une société « masculine et hétérocentrée[58] » qui conditionnera durablement les mentalités. La guerre d'Espagne aura représenté une parenthèse faite d'expérimentations parfois très novatrices et de stéréotypes durables, y compris au sein des courants révolutionnaires et au front.

BIBLIOGRAPHIE INDICATIVE

Ackelsberg (Martha A.), *« La vie sera mille fois plus belle ». Les Mujeres Libres, les anarchistes espagnols et l'émancipation des femmes*, Lyon, Atelier de création libertaire, 2010, traduit de l'anglais (États-Unis) par Alain Thévenet et Marianne Enckell.

Berger (Gonzalo) et Ballo (Tania), *Les Combattantes. L'histoire oubliée des miliciennes antifascistes dans la guerre d'Espagne*, Paris, Éditions Syllepse, 2022, traduit du catalan par Armand Creus, Salvador Duran et Mariana Sanchez.

Lines (Lisa), *Milicianas: Women in Combat in the Spanish Civil War*, Plymouth, Lexington Books, 2012.

Nash (Mary), *Defying Male Civilizations: Women in the Spanish Civil War*, Denver, Arden Press, 1995.

Djamila Bouhired, moudjahida pendant la guerre d'Algérie

Son nom est doux et innocent, il renvoie à l'enfance : le Milk Bar, le bar à lait. Mais c'est là, dans la ville d'Alger, que deux engins explosent, puis un troisième à la Cafétéria, et un dernier dont la détonation échoue, le dimanche 30 septembre 1956. L'attaque fait 4 morts et 52 blessés, dont de nombreux enfants. Ces bombes ont été posées par Djamila Bouhired et Zohra Driff, deux moudjahidate, deux femmes qui combattent pour l'indépendance de l'Algérie. La longue et très douloureuse guerre de décolonisation de l'Algérie dure depuis maintenant deux ans et trois mois. En 1956, les indépendantistes du Front de libération nationale (FLN) ont décidé de viser le quartier européen de la capitale ; les bombes du 30 septembre marquent le début de cette campagne qui va semer la terreur parmi la population et déclencher une répression sanglante.

Quelques mois plus tard commence la bataille d'Alger. La loi martiale est déclarée le 8 janvier 1957 par les représentants militaires du gouvernement français en Algérie, qui ont les pleins pouvoirs pour « restaurer l'ordre » dans la ville, après les attentats du FLN. Ce n'est pas une bataille militaire au sens traditionnel, mais un affrontement entre combattants algériens et paramilitaires français, durant lequel ces derniers pratiquent la répression dans tout le pays, recourant aux rafles, perquisitions, arrestations, détentions et interrogations, avec un usage systématique de la torture et des exécutions sommaires. Le 26 janvier 1957, trois nouvelles bombes du FLN éclatent, dans des cafés fréquentés par la population européenne d'Alger : la Cafétéria, le Coq Hardi et l'Otomatic. Trois Européennes ont été tuées, et les blessés se comptent par dizaines.

Une femme relie ces deux attaques : Djamila Bouhired, qui a posé les bombes du Milk Bar et recruté plusieurs combattantes dans les rangs du FLN, dont Zohra Driff et Djamila Bouazza, qui a posé la bombe du Coq Hardi en janvier 1957.

Agente de liaison et poseuse de bombes

Djamila Bouhired a un profil à la fois étonnant et typique de ces moudjahidate venues d'horizons divers. C'est une jeune femme politisée, issue de la classe moyenne et éduquée dans un lycée français d'Alger. Elle a été recrutée dans le FLN à 19 ans par des membres de sa famille, et appartient à son « réseau bombes » ; elle a la réputation d'être une agente de liaison hors pair pour Yacef Saadi, le chef du FLN pour la zone d'Alger.

La participation des femmes à cette lutte armée, au front surtout, est très importante ; on estime à 11 000 le nombre des combattantes, sans même inclure toutes celles qui participent de façon plus informelle. Ces moudjahidate agissent comme poseuses de bombes, messagères, espionnes, ou encore médecins. Cette guerre, comme toutes les autres, est genrée. Comme le souligne l'historienne Natalya Vince, qui a analysé la douzaine de femmes du « réseau bombes » de la bataille d'Alger, l'apparence physique fait partie de la bataille : ces femmes contribuent à représenter le FLN comme jeune et moderne, en contraste avec la bande de fanatiques réactionnaires dépeinte par le gouvernement français[59]. Réciproquement, l'arrestation des jeunes femmes est présentée comme un acte de barbarie, qui illustre le manque de légitimité du pouvoir français ; c'est bien ce qui va se cristalliser autour de Djamila Bouhired.

Procès des bombes, procès de la torture

Djamila Bouhired est capturée en avril 1957, en possession de documents compromettants sur les activités du FLN. Blessée lors de son arrestation, elle est interrogée et torturée sur son lit d'hôpital, pour lui faire avouer où se cache Yacef Saadi. Cette épreuve dure dix-sept jours, durant lesquels on lui inflige le supplice de l'électricité, au moyen d'électrodes placées « dans le sexe, les narines, les oreilles, la bouche, sous les aisselles, sur le bout [des] seins [...], sur [les] cuisses[60] ». En juillet, elle est jugée avec Djamila Bouazza par un tribunal militaire français à Alger. Le procès de celles que la presse décrit comme « deux terroristes musulmanes » se tient dans « une atmosphère de lynchage », se souvient Jacques Vergès, avocat aux convictions anticolonialistes venu de France, qui assure la défense de Djamila Bouhired et deux autres accusés[61].

Djamila Bouhired est notamment accusée d'avoir remis à Djamila Bouazza la bombe de l'attentat du Coq Hardi et d'avoir commis l'attaque du Milk Bar ; elle encourt la peine de mort pour cinq chefs d'accusation différents. La frénésie médiatique s'empare « des deux Djamila », comme on les appelle alors, à grand renfort de photos. Bouazza est décrite en débauchée, en « idiote au beau visage », tandis que Bouhired fait figure de « bonne élève[62] ». Djamila Bouazza livre un témoignage peu fiable mais accablant pour Djamila Bouhired, enchaînant les déclarations contradictoires concernant la bombe du Coq Hardi ; elle invective sa coaccusée et l'auditoire, s'exprime en onomatopées, menace de se déshabiller en plein tribunal, et finit par être expulsée de l'audience. Djamila Bouhired, elle, fait sensation en éclatant de rire lorsqu'elle est condamnée à la mort par guillotine, s'entendant alors répondre par le juge : « Ne riez pas, mademoiselle, c'est grave. »

Jacques Vergès expliquera plus tard qu'il s'était entendu avec elle pour qu'elle adopte une attitude défiante et une défense « de rupture », en prenant systématiquement le contrepied dans ses réponses[63]. Il s'accorde néanmoins avec le juge sur ce seul point : la situation est en effet grave, pour Djamila Bouhired et pour l'intégrité des institutions françaises, compromises par cette parodie de procès. L'attentat et le procès vont transformer la perception de la guerre d'Algérie par l'opinion publique en France, notamment au sujet de la torture ; ils marquent un tournant dans l'histoire de la solidarité de l'intelligentsia française avec le mouvement de libération nationale algérien.

Cette campagne pour interpeller l'opinion publique s'intensifie après la condamnation à mort de Djamila Bouhired, à laquelle Vergès et Georges Arnaud répondent par un livre, *Pour Djamila Bouhired*. Ils y dénoncent « un piètre faux-semblant[64] » en guise de procès, l'absence complète de preuves malgré la dureté du verdict et le témoignage incohérent de Djamila Bouazza, les prétendus aveux fabriqués de Djamila Bouhired. Ils épinglent également l'urgence dans laquelle s'est déroulée la procédure judiciaire, qui tranche avec la lenteur de la procédure de plainte de Djamila Bouhired contre ceux qui l'ont torturée. Le livre décrit ces tortures : les électrodes, la menace de faire venir pour elle « un Sénégalais qui avait plusieurs fois servi déjà sur des femmes musulmanes[65] », sous les rires des capitaines, inspecteurs de police et parachutistes chargés de lui arracher une confession.

Cette campagne contre la torture rencontre un immense écho en France et à l'international en quelques mois, comme en témoignent l'intervention de la princesse du Maroc ou encore celle de plusieurs dizaines de parlementaires britanniques. En 1958, le film *Djamila l'Algérienne* du cinéaste égyptien Youssef Chahine retrace le destin de la jeune femme et le combat pour l'indépendance de son pays. Vergès avait perçu pendant le procès son immense pouvoir symbolique : « La révolution avait le visage de Djamila [...] et elle avait le visage de la révolution[66]. » Djamila Bouhired devient ainsi un symbole de résistance et de la lutte anticoloniale dans tout le monde arabe. Sa peine est commuée en travaux forcés en mars 1958 par le président René Coty ; elle sera libérée en 1962 dans le cadre des accords d'Évian qui promulguent le cessez-le-feu en Algérie.

Après la guerre

Après 1962, Djamila Bouhired devient une représentante du nouvel État algérien et reste une icône du nationalisme algérien, incarnant le courage de la jeunesse et l'intégrité politique[67]. Elle apporte son soutien à de nombreuses causes, exprimant sa solidarité avec les combats d'émancipation nationale dans tout le monde arabe, avant de se retirer de la vie politique, sans doute pour échapper aux manipulations politiciennes de son image. En 2019 encore, elle se mobilise au nom des valeurs démocratiques contre le projet d'une cinquième présidence d'Abdelaziz Bouteflika en Algérie.

Mais son parcours relève plutôt de l'exception, puisque, après l'indépendance, les femmes sont presque toutes exclues de la mémoire de la guerre : comme le rappelle Natalya Vince, 97 % des 336 784 anciens combattants officiellement reconnus en Algérie sont des hommes, ce qui tait les rôles joués par les femmes[68]. Le fondamentalisme islamiste a entravé la reconnaissance des droits des femmes, perpétuant ainsi cette invisibilisation de leurs luttes anticoloniales dans la construction de l'État postcolonial[69].

Djamila Bouhired est devenue un « symbole malléable[70] ». À la suite de son procès, son prénom a été donné dans tout le monde arabo-musulman, en hommage à « un modèle absolu de lutte, de dignité et de liberté[71] ». Or, comme le notait encore en 2019 le journaliste Christophe Ayad, être un symbole n'est pas facile : « Comment rester en vie quand on a été condamnée à mort à 22 ans et graciée à 24 ? Comment écrire son histoire quand votre nom est le titre d'un livre ? Comment se faire sa place quand un film vous a élevée au rang d'héroïne éternelle dans tout le monde arabe ? Comment porter son prénom quand il est devenu l'hommage de toute une génération[72] ? »

Il faut donc aller au-delà du symbole, rappeler la contribution concrète des moudjahidate, les risques qu'elles ont pris, le prix qu'elles ont payé et le peu de reconnaissance qui leur a été accordé pendant la guerre et dans l'ère postcoloniale. Bouhired elle-même résumait en termes simples et essentiels l'engagement auquel elle a tant donné : « La vérité est que j'aime mon pays, que je veux le voir libre[73]. »

BIBLIOGRAPHIE INDICATIVE

Arnaud (Georges) et Vergès (Jacques), *Pour Djamila Bouhired*, Paris, Minuit, 1958.

Boisset (Yves), *La Bataille d'Alger* (film), 2006.

Chahine (Youssef), *Djamila l'Algérienne* (film), 1958.

Pontocorvo (Gillo), *La Bataille d'Alger* (film), 1966.

Vince (Natalya), *Our Fighting Sisters: Nation, Memory and Gender in Algeria (1954-2012)*, Manchester, Manchester University Press, 2015.

Claudette Colvin et Rosa Parks, « debout en restant assises »

Connaissez-vous l'histoire de Rosa Parks, militante historique des droits civiques et de la déségrégation des autobus aux États-Unis ? C'est en partie grâce à elle que débute le boycott des bus de la ville de Montgomery, dans l'État d'Alabama, en 1955. Dans ce Sud profond, presque un siècle après l'abolition de l'esclavage aux États-Unis en 1865, la vie des Noirs reste encadrée par les lois « Jim Crow » de ségrégation raciale : les moindres aspects de leur vie quotidienne, civique et religieuse sont soumis à un régime de séparation absolue, du logement et de l'emploi à l'éducation, des transports aux achats de tous les jours et aux loisirs.

En Alabama, par exemple, les enfants noirs et blancs n'ont pas le droit de jouer ensemble. On ne peut exiger d'une infirmière blanche qu'elle travaille dans une salle d'hôpital où se trouvent des patients noirs. Un restaurant est considéré comme illégal s'il n'a pas deux salles séparées. Des signes indiquant *Colored* (« Colorés ») et *Whites* (« Blancs ») séparent les espaces et services réservés à chacun, toujours à l'avantage des personnes blanches. À ces restrictions et humiliations s'ajoutent les violences et lynchages perpétrés par le Ku Klux Klan et des populations blanches, dans l'impunité complète.

D'innombrables scandales judiciaires aboutissent à faire condamner des Noirs pour des crimes qu'ils n'ont pas commis. Un de ces procès racistes secoue Montgomery en 1952 : le lycéen Jeremiah Reeves, 16 ans, musicien talentueux et respecté dans toute sa communauté, est condamné à mort pour viol et exécuté après avoir été découvert au lit avec une femme blanche. Or, il s'agissait d'une relation consentie, et la confession de Reeves a été obtenue sous la torture. En 1955, le lynchage d'Emmett Till, 14 ans, puis la relaxe de ses meurtriers (qui avoueront tous peu après), ainsi que la campagne menée par sa mère mobilisent les organisations noires et interpellent l'opinion publique américaine[74]. Un vent de révolte et d'émancipation s'est levé.

En 1954, une décision de la Cour suprême des États-Unis a fait entrevoir la possibilité de véritables transformations en mettant fin à la ségrégation dans les écoles. La ségrégation des transports publics, où se multiplient injustices et humiliations, attise tout particulièrement les colères, mais entrouvre aussi une petite brèche possible de changement. En effet, les lois d'Alabama forcent les passagers noirs à céder leur place à un Blanc, si une autre place est disponible. Or, cette dernière condition est ignorée en pratique ; pire, un passager blanc peut exiger que tous les passagers noirs déjà assis dans une rangée se lèvent pour lui céder la place et restent debout, souvent après de longues journées de travail ou d'école.

Le refus d'une adolescente

Claudette Colvin, 15 ans en 1955, issue d'un milieu modeste, élevée par ses grands-parents, est une adolescente

« curieuse » et travailleuse, pour qui « le plus grand de tous les mystères est comment l'homme blanc en est venu à nous dominer[75] ». Elle est aussi politisée et fait partie des sections de jeunes de la National Association for the Advancement of Coloured People (NAACP), une association qui milite et organise des actions pour défendre les droits des citoyens noirs et faire savoir qu'ils et elles refusent de continuer à être traités comme « des citoyens de seconde classe ».

Le 2 mars 1955, elle est sommée de laisser sa place de bus à une femme blanche ; les trois camarades avec qui elle est assise se sont levés, mais elle persiste dans son refus. La tension monte. Le conducteur lui ordonne de se lever, mais elle répète qu'elle a payé son ticket et que c'est son « droit constitutionnel » de rester assise. Le conducteur fait finalement intervenir la police, qui sort Claudette du bus en la tirant par les cheveux. Arrêtée et emmenée en prison, elle subit les humiliations, moqueries et insultes des gardes jusqu'à ce que sa mère et le révérend de sa famille viennent la faire libérer après quelques heures.

La nouvelle de son arrestation s'ébruite vite dans Montgomery. Une campagne vigoureuse s'organise en vue de son procès, qui a lieu deux semaines plus tard. Mais, malgré cette mobilisation, Claudette est jugée coupable de violation des lois de ségrégation, de troubles à l'ordre public, et d'avoir attaqué un des policiers venus la sortir du bus. Une nouvelle mobilisation permet de financer un procès en appel. Cette fois-ci, le juge ne retient que le troisième chef d'accusation, mais ce jugement est une catastrophe pour l'adolescente, qui a désormais un casier judiciaire compromettant pour ses ambitions professionnelles. C'est aussi une mauvaise nouvelle pour le mouvement antiségrégation, puisque ce jugement met un terme au processus judiciaire permettant de contester les pratiques de ségrégation. Les mois qui suivent sont très durs pour la jeune fille qui, au milieu de la tourmente, tombe enceinte, s'attirant les foudres de la communauté de Montgomery.

Elle est alors critiquée et mise à l'écart des différents groupes organisés contre la ségrégation ; cette exclusion se reflète aujourd'hui encore dans le fait qu'elle figure rarement dans les histoires du boycott. Son rôle historique ne s'arrête pourtant pas là, puisqu'en 1956, elle fait partie des quatre plaignantes du procès qui aboutit au verdict de la Cour suprême, où elle livre un témoignage fort et digne. Lorsque l'avocat qui représente Montgomery contre la déségrégation des bus lui demande pourquoi elle a participé au boycott, elle répond simplement : « Nous avions été traités de façon injuste, malhonnête et méchante[76]. »

Rosa Parks et le boycott des bus

Se lever pour céder sa place à un passager blanc, alors même qu'elle se trouve dans la section du bus en principe réservée aux usagers noirs, c'est précisément ce que refuse de faire Rosa Parks, le 1er décembre 1955. Elle a alors 42 ans, et travaille comme couturière ; elle rentre d'une longue journée de travail, en ce fameux jour de décembre. Plus tard, elle répétera qu'elle n'était pas si fatiguée par le travail, mais qu'elle en avait « assez de céder ». Elle est aussi la secrétaire de la section locale de la NAACP. Son refus d'obéir au conducteur et de céder sa place de bus lui vaut d'être arrêtée, mais offre également l'occasion tant attendue par les militants antiségrégation de déclencher un boycott des bus de Montgomery pour obtenir des conditions égales pour les passagers noirs.

L’acte de résistance de Rosa Parks s’inscrit dans une séquence d’actes similaires : depuis 1946, dans les autobus, plusieurs personnes, y compris des enfants, ont enfreint les lois de ségrégation en s’asseyant sur les sièges réservés aux Blancs. D’autres se sont opposés à la règle humiliante qui oblige les passagers noirs à payer le prix exact de leur billet à l’avant du bus, puis à ressortir pour aller s’asseoir à l’arrière du véhicule. Dans presque tous ces cas, le refus d’obéir et les protestations de ces passagers leur valent insultes, amendes, arrestations et attaques physiques, y compris par les conducteurs de bus. En 1955, cela fait donc un certain temps que les groupes de défense des Noirs, notamment la NAACP, envisagent d’organiser un boycott des bus de Montgomery : celui-ci consistera à ne plus utiliser les bus de la ville et donc à infliger de lourdes pertes financières à la compagnie de bus, puisque plus de deux tiers des usagers sont noirs.

Ce boycott débute dans la foulée de l’arrestation de Rosa Parks. Les participants marchent, souvent sur des distances impressionnantes. Ceux qui ont des voitures les mettent à la disposition des uns et des autres, et un système élaboré de transport de remplacement est ainsi mis en place. Cette épreuve épuisante démontre la détermination de la population noire de Montgomery. Le boycott, qui est suivi à 90 %, s’avère coûteux pour la compagnie de bus, et donc efficace.

En parallèle se joue la bataille légale pour que la ségrégation dans les bus soit déclarée contraire à la Constitution, sur le modèle de la déségrégation des écoles de 1954. Le procès, qui s’ouvre en février 1956, fait intervenir quatre plaignantes qui ont été victimes de violences dans les bus à cause de leur couleur de peau. Parmi elles, Rosa Parks et Claudette Colvin. Après une première victoire devant la Cour de l’Alabama, le 13 novembre

1956, la Cour suprême des États-Unis juge à son tour que la ségrégation dans les bus est contraire à la Constitution. C'est une décision historique pour le mouvement pour les droits civiques des Africains-Américains. Après le rejet par la Cour suprême d'un appel de la ville de Montgomery contre la déségrégation, le boycott des bus prend fin. Il aura duré 381 jours.

Le prix de l'engagement

La désobéissance civile de Rosa Parks et l'épisode du boycott sont connus ; cependant, malgré leur impact historique et symbolique très fort, les récits officiels recèlent plusieurs parts d'ombre, dont l'oubli relatif de Claudette Colvin, effacée et éclipsée malgré les critiques, violences et problèmes judicaires qu'elle a endurés.

Pourquoi est-ce Rosa Parks qui est restée dans l'histoire ? Pour Claudette Colvin, Rosa Parks était une figure en apparence plus respectable. Adulte, de peau plus claire, elle avait « la bonne couleur » ; le journaliste Gary Younge juge ainsi que Claudette Colvin a été victime de la « pigmentocratie » du sud des États-Unis, qui valorise les peaux plus claires[77]. On parle aussi de « colorisme » pour décrire cette fixation sur la couleur de la peau, que l'on retrouve jusque chez les leaders du mouvement antiségrégation, qui prennent les décisions stratégiques. Phillip Hoose, auteur d'une biographie de Claudette Colvin, énumère d'autres facteurs qui l'ont marginalisée au sein du mouvement pour les droits civiques : sa jeunesse, son image de rebelle, son milieu social plus humble. Rosa Parks est mariée, alors que la grossesse hors mariage de Claudette Colvin lui met à dos le leadership du mouvement, car elle l'expose aux attaques et fait d'elle une icône bien trop risquée.

Mais même si Rosa Parks est souvent décrite comme une « égérie » et un « symbole » du mouvement pour les droits civiques, dont l'aura a éclipsé celle de la jeune Claudette, elle aussi a payé son engagement au prix fort. Rosa Parks est très politisée au moment du boycott. Malgré toutes les déclarations célébrant son statut de « mère des droits civiques », de « femme qui s'est tenue debout en restant assise » et de nombreuses reconnaissances officielles, elle a été invisibilisée au profit des grandes figures masculines du mouvement pour les droits civiques. Parmi celles-ci, le révérend Martin Luther King, appelé à devenir un grand acteur des luttes pour l'égalité avant son assassinat en 1968. En 1955, King est un pasteur récemment installé à Montgomery ; lorsque est formée une association locale pour organiser le boycott, il en prend la tête et y démontre rapidement son courage et son talent oratoire.

À l'ombre de l'immense « MLK », Rosa Parks est comme cachée. Son militantisme à la NAACP bien avant le boycott, à une époque où les femmes y sont à peu près absentes, et sa propre pensée politique n'ont guère été reconnus. Son profil public est édulcoré au profit d'une image bien plus rangée, qui ne tient pas compte de ses questionnements face à la stratégie de non-violence de King[78]. Elle fait face à beaucoup de mépris au sein même du mouvement pour les droits civiques, où son statut de « superstar » suscite des moqueries ; pourtant, elle a payé cher son rôle actif dans le boycott, subissant de nombreuses tentatives d'intimidation et attaques verbales et physiques, qui l'amènent d'ailleurs à quitter l'Alabama.

Elle aura du mal à retrouver du travail, jusqu'à ce qu'elle parte travailler dans le Michigan comme secrétaire de l'homme politique démocrate John Conyers, tout en se consacrant à l'Institut Rosa et Raymond Parks pour le développement personnel, qu'elle a fondé avec son mari pour soutenir les jeunes. Elle finira ses jours dans le dénuement.

Rosa Parks meurt en 2005 à 92 ans. À l'heure où ces lignes sont écrites, Claudette Colvin a 85 ans et continue d'œuvrer pour que soit officiellement levé le statut de liberté conditionnelle qui lui est imposé en Alabama depuis sa condamnation et l'empêche de retourner dans cet État.

Le boycott des bus de Montgomery, épisode historique du combat pour les droits civiques aux États-Unis, a été porté par les femmes et leur refus de se plier à l'injustice, mais également par leur compréhension de la politique et de l'activisme pratique ; cet engagement a eu des conséquences directes pour elles. L'oubli relatif de Rosa Parks et, surtout, de Claudette Colvin nous rappelle aussi qu'une femme invisibilisée peut en cacher d'autres.

BIBLIOGRAPHIE INDICATIVE

France Culture, « Rosa Parks, la femme qui s'est tenue debout en restant assise », podcast, 2020 https://www.radiofrance.fr/franceculture/podcasts/serie-rosa-parks-la-femme-qui-s-est-tenue-debout-en-restant-assise

Hoose (Phillip), *Twice Toward Justice*, New York, Farrar Straus Giroux, 2010.

Parks (Rosa), *Mon histoire. Une vie de lutte contre la ségrégation raciale*, Paris, Libertalia, 2018, traduit de l'anglais (États-Unis) par Julien Bordier.

Stormé DeLarverie, activiste et artiste LGBTQ+

New York City, au petit matin du 28 juin 1969. Au sud de l'île de Manhattan, le quartier de Greenwich Village, aujourd'hui à la mode, riche et bourgeois, est alors un lieu alternatif et malfamé, affectionné des groupes marginalisés, avec une longue histoire d'activisme politique radical. Au cœur de Greenwich, sur la rue passante de Christopher Street, une foule se serre dans un bar crasseux et bondé : le Stonewall Inn.

On y trouve des hommes et femmes homosexuelles, trans ou non binaires, des jeunes sans domicile fixe, et d'autres encore. Pour tous et toutes, le Stonewall Inn est un lieu de rencontres, de solidarité et de refuge ; alors que l'homosexualité reste en partie illégale et considérée comme une déviance ou un trouble psychiatrique, le Stonewall Inn permet de s'évader des brutalités et ségrégations du quotidien. On peut y boire de l'alcool, danser et s'embrasser, toutes choses que la loi interdit aux hommes et femmes homosexuelles. Le Stonewall Inn offre aussi un hébergement de fortune à ceux et celles qui sont à la rue.

Révolte au Stonewall Inn

Le bar est dans le collimateur de la police car il est aux mains de la Mafia, qui y pratique toutes sortes de trafics et de crimes. La police new-yorkaise inflige donc aux clients un harcèlement homophobe et transphobe quotidien ; les arrestations sont fréquentes et dangereuses, car souvent suivies de viol ou même de meurtre. Ce 28 juin ne fait pas exception ; mais ce matin-là, une énième descente de police brutale et humiliante provoque un mouvement de résistance historique.

Comme toujours, les policiers trient les clients du bar et isolent les personnes trans en les menaçant d'une fouille au corps. Celles et ceux dont les vêtements ne reflètent pas clairement leur sexe biologique sont jugés coupables de travestissement. Bien entendu, le travestissement est lui aussi une pratique illégale, puisque la loi stipule que toute personne doit porter au moins trois vêtements correspondant à son sexe de naissance.

C'est alors, dit-on, qu'une des femmes que les agents sont en train d'expulser violemment du bar donne le premier coup de poing et interpelle la foule en criant : « Pourquoi vous ne faites rien ? » Cette femme, dont l'identité fait encore débat aujourd'hui, serait Stormé DeLarverie, qui a alors 48 ans.

Mais cette fois-ci, plutôt que de se soumettre, les clients se rebellent, jettent des pièces, mettent le feu aux poubelles et résistent aux contrôles et arrestations. Le bruit attire la foule et les policiers perdent le contrôle de la situation. On compte plusieurs blessés et des arrestations. L'émeute est dispersée à 5 heures du matin et repart de plus belle dès le lendemain soir. La foule se réunit à nouveau au Stonewall Inn, et les policiers reviennent aussi ; le rassemblement dure trois jours. Au total ont lieu sept nuits de protestations, suivies et très visibles dans la ville : de 75 personnes, on passe à des milliers de participants. Un *gay in* (c'est-à-dire une occupation pacifique par des personnes gays) s'installe dans Central Park, au cœur de Manhattan. « Stonewall » est devenu une mobilisation politique impossible à ignorer, à la fois pacifique et violente. Ses participants, comme Stormé, diront qu'il s'agissait d'une révolution.

Stormé entre en scène

Il n'est pas certain que ce soit bien Stormé qui ait lancé le cri déclencheur, mais de nombreux témoins et historiens l'affirment ; elle a aussi brouillé les pistes en donnant plusieurs versions de cette histoire et de son rôle[79]. Quoi qu'il en soit, elle incarne l'esprit de Stonewall, les discriminations qui ont causé cette explosion de colère, ainsi que la volonté de résistance et de changement qui l'anime.

Née en 1920 à La Nouvelle-Orléans, en Louisiane, dans le Sud conservateur des États-Unis, d'une mère africaine-américaine et d'un père blanc, Stormé grandit entre deux mondes et se décrit comme « une Noire au visage blanc » (*a negro with a white face*). Bien avant Stonewall, c'est une pionnière, qui affirme son identité de genre non normative et défie les catégorisations. Chanteuse douée, elle se produit dans des clubs de jazz dès ses 15 ans et voyage dans toute l'Europe. À 18 ans, elle quitte son Sud natal pour fuir le racisme et l'homophobie à laquelle elle est confrontée en tant que lesbienne.

Entre 1955 et 1969, elle appartient à la Jewel Box Review, troupe de cabaret queer multiethnique où les hommes se produisent dans des rôles de femmes ; comme l'explique une brochure de la Review, après tout, quand le dramaturge anglais William Shakespeare a écrit *Roméo et Juliette*, il savait pertinemment que le rôle de Juliette serait interprété par un homme. Le travestissement est au cœur de l'art théâtral. « Miss de Laviere », comme on l'appelle alors, est « la seule fille » de la troupe, et se produit en tant qu'homme ; elle est donc un « drag king » ou *male impersonator*, et bouscule les frontières de genre. Elle est d'ailleurs arrêtée plusieurs fois pour travestissement, car la police la prend pour un homme déguisé en femme.

Ce type de harcèlement est la réalité quotidienne de nombreuses personnes lesbiennes, gays, bi et trans, dont plusieurs figures importantes de Stonewall. C'est le cas de Marsha P. Johnson, drag-queen et activiste contemporaine de Stormé, au rôle central dans la rébellion de Stonewall ; cette figure flamboyante dont la vie est jalonnée de violences et qui meurt semble-t-il par homicide illustre la brutalité dans laquelle doivent vivre les personnes LGBTQ+. Stormé, quant à elle, répond à ces violences du quotidien avec vaillance et humour.

L'activisme LGBTQ+ avant Stonewall

Aux États-Unis, l'homosexualité fait l'objet de persécutions légales depuis les années 1930. Elle est considérée comme un crime et sanctionnée dans la plupart des États de l'Union. Elle est aussi traitée comme une maladie justifiant des pratiques comme l'internement de force des personnes homosexuelles, trans ou non binaires, et les thérapies de conversion visant à « guérir » les malheureux qui y sont soumis (notons au passage que ces « traitements » sont aujourd'hui encore autorisés dans bon nombre d'États américains et restent en vigueur pour les personnes trans ou non binaires dans de nombreux pays occidentaux, ou n'ont été interdits que très récemment).

Avant Stonewall, aucune loi ni aucune personnalité en vue ne protège les personnes homosexuelles. Mais, comme nombre d'événements révolutionnaires qui semblent éclater soudainement, les émeutes de Stonewall sont en fait l'aboutissement d'agitations et de mobilisations orchestrées depuis des années par des groupes et des personnes luttant contre les discriminations. Ainsi, un mouvement de défense dit « homophile » apparaît dans les années 1950, avec notamment le groupe Mattachine Society et l'organisation politique de lesbiennes Daughters of Bilitis. Pendant les années 1960, la répression va s'aggravant et la colère monte. Plusieurs émeutes ont lieu dans de grandes villes américaines comme Los Angeles ou San Francisco, qui voit un soulèvement de femmes trans contre les violences policières en 1966, dans la cafétéria Compton.

Dans cette période de crise aux États-Unis, les mobilisations contre la guerre du Vietnam et le mouvement pour les droits civiques favorisent l'émergence de cet activisme et l'affirmation des droits des personnes homosexuelles. Stonewall s'inscrit dans cet ensemble de combats pour la justice et l'égalité pendant les années 1960 et 1970, et revendique le droit à une sexualité libérée et joyeuse vécue au grand jour. Un ensemble de progrès s'ensuit sur le plan légal : l'homosexualité cesse d'être considérée comme une maladie psychiatrique en 1973. Les identités transgenres, en revanche, devront attendre bien plus longtemps : ce n'est qu'en 2019 que l'Organisation mondiale de la santé déclare que la transidentité n'est pas un trouble psychiatrique. Les retombées concrètes au niveau national de cette reclassification, notamment en matière d'accès aux soins médicaux, restent très lentes.

La première *pride*

La dynamique créée par la rébellion de Stonewall aboutit à des confrontations et des mobilisations plus radicales dans les mois suivants. Les nouvelles organisations se multiplient, avec notamment le Gay Liberation Front (GLF). Stonewall apporte donc une visibilité au mouvement et stimule l'organisation ainsi qu'un sentiment d'appartenance à une communauté. Pour le premier anniversaire de la rébellion a lieu un rassemblement de commémoration au Stonewall Inn. C'est la première *pride*, cette grande manifestation politique et festive qui rend visibles ces groupes et individus jusque-là contraints à l'invisibilité. La plupart des groupes gays et lesbiens de New York y participent, et les médias en parlent. Des marches de solidarité sont organisées à Los Angeles, San Francisco et Chicago, et bientôt dans d'autres villes du monde entier. En 2019, le cinquantième anniversaire de Stonewall a permis de mesurer l'impact mondial de cette rébellion comme un tournant décisif.

Après Stonewall, Stormé reste engagée dans et pour le milieu LGBTQ+ new-yorkais. Elle travaille comme videuse dans deux bars lesbiens et comme garde du corps, et se décrit comme « une baby-sitter [...] pour tous les garçons et toutes les filles ». Armée, elle patrouille dans les rues pour protéger ses « filles », offrant une présence bienveillante dans les rues du New York des années 1970, qui reste un lieu dangereux ; à 80 ans, elle patrouillera encore[80].

Décédée en 2014, elle figure parmi les activistes commémorées au Monument national de Stonewall, créé pendant la présidence de Barack Obama en 2016. Cette reconnaissance symbolique importante montre que Stonewall fait désormais partie d'une histoire officielle, dont Stormé est une actrice de premier plan.

Histoires officielles et invisibilisation

Et pourtant, Stormé offre aussi un exemple des personnes et des groupes peu reconnus par les histoires officielles, et rappelle l'importance de considérer les dimensions intersectionnelles de Stonewall. En tant que Noire lesbienne, elle se situe au croisement de discriminations multiples. L'historien James Martin souligne d'ailleurs la sous-représentation dans les mémoires de l'événement des activistes qui n'étaient pas des homosexuels blancs, mais plutôt des femmes trans, des lesbiennes butchs et des non-Blancs[81]. L'historien voit dans cette invisibilisation une tendance à censurer la fluidité de genre et les identités trans, au sein même d'un important mouvement d'émancipation.

Beaucoup critiquent aussi la récupération commerciale de Stonewall et du mouvement des fiertés, devenu aujourd'hui un événement festif plus qu'une manifestation politique. D'innombrables discriminations demeurent et vont s'aggravant contre les personnes LGBTQ+ et notamment trans aux États-Unis, surtout depuis la première présidence Trump (2017-2021), ainsi qu'à l'échelle mondiale.

Stormé, elle, a toujours insisté sur la dimension profondément politique de Stonewall : « C'était une rébellion, c'était un soulèvement, c'était une désobéissance civile ; ce n'était pas une putain d'émeute[82]. » Mais, outre son intervention pendant cette fameuse nuit de juin, son refus ferme des discriminations et sa volonté d'agir, on retient aussi d'elle les valeurs de discrétion et de solidarité quotidienne comme actes révolutionnaires.

BIBLIOGRAPHIE INDICATIVE

« L'émeute de Stonewall, catalyseur du mouvement LGBTQ », *Aujourd'hui l'Histoire*, 19 décembre 2019, https://ici.radio-canada.ca/ohdio/premiere/emissions/aujourd-hui-l-histoire/segments/entrevue/147669/stonewall-emeute-catalyseur-mouvement-lgbtq-karine-premont

Kaiser (Charles), *The Gay Metropolis. The Landmark History of Gay Life in America*, New York, Grove Press, 2019 (1997).

Marche (Guillaume), « Des homosexualités et des mouvements », *La Militance LGBT aux États-Unis. Sexualité et subjectivité*, Lyon, Presses universitaires de Lyon, 2017, p. 29-74, http://books.openedition.org/pul/25626

Martel (Frédéric), « Stonewall Inn. Naissance des fiertés », *Affaires sensibles*, France Inter, 20 juin 2018, https://www.radiofrance.fr/franceinter/podcasts/affaires-sensibles/stonewall-inn-naissance-des-fiertes-4573174

Angela Davis, les combats d'une révolutionnaire noire

Si Angela Davis fut un temps « la femme la plus dangereuse du monde[83] » et continue de déranger, c'est parce qu'elle s'est imposée comme activiste féministe antiraciste et anticapitaliste incontournable. Sa vie balaie soixante ans d'engagements, du marxisme des années 1960 aux groupes de Libération noire et à l'action directe des années 1970, puis de la critique du féminisme *girlboss* contemporain au féminisme intersectionnel révolutionnaire. Plusieurs citations de sa plume tranchante éclairent les enjeux centraux de sa vie, sa pensée et son militantisme.

« Le racisme est structurel et systémique, il est institutionnel[84] »

L'enfance d'Angela Davis, à Birmingham en Alabama, est profondément marquée par les discriminations raciales. Les choses ont à peine changé depuis la ségrégation contre laquelle se sont élevées Claudette Colvin et Rosa Parks ; la vie reste conditionnée par l'omniprésence du racisme et les lois Jim Crow, l'hostilité ouverte des voisins blancs dans le quartier où s'installe la famille d'Angela Davis alors que celle-ci est petite, les règles implicites pour choisir sa place dans les autobus, l'interdiction de fréquenter les plus beaux cinémas de la ville, les restaurants, les boutiques de chaussures, les humiliations, et la peur, aussi, lorsque des attentats frappent les maisons de familles noires. Avec ses amis ou sa sœur, la jeune Angela se défend par les injures ou la moquerie, autant de moyens « de retrouver [leur] dignité[85] ».

En septembre 1963, le Ku Klux Klan commet un attentat à la bombe dans l'église baptiste de Birmingham, pendant un service, tuant quatre petites filles. Angela Davis a déjà quitté la ville à cette date. C'est une très bonne élève ; elle a été admise dans un programme pédagogique expérimental qui lui permet de partir étudier dans un lycée sans ségrégation de New York, loin de l'atmosphère étouffante de l'Alabama. À New York puis à l'université Brandeis, où elle entreprend ensuite ses études supérieures, elle se lie avec des groupes de jeunes communistes.

Au lycée, le socialisme évoqué en cours d'histoire est une révélation pour elle, car il fait le lien entre son vécu et les inégalités sociales structurelles, et suggère un ordre socioéconomique idéal, fondé sur la participation et la satisfaction des besoins élémentaires de chacun. Le *Manifeste du parti communiste* (1848), ouvrage fondateur de Karl Marx et Friedrich Engels, la frappe « comme un coup de foudre[86] » en lui faisant entrevoir une société sans exploitation. Il lui permet, surtout, de conceptualiser le racisme comme une forme d'oppression capitaliste, utilisée pour justifier l'exploitation des Noirs et tromper la classe ouvrière blanche en lui désignant un ennemi pour la détourner de la lutte sociale et politique. Le racisme ne relève pas des attitudes et de la culture : c'est « une arme de la classe dominante », et même l'arme la plus importante de son arsenal. La libération des personnes noires implique donc la lutte contre le capitalisme ; réciproquement la lutte contre le racisme est centrale dans la lutte anticapitaliste[87].

La notion d'un « capitalisme racial », qui perpétue le racisme et doit être aboli, est restée centrale dans la pensée d'Angela Davis ; elle est aussi entrée dans les consciences collectives, comme l'a exprimé en 2020 la réaction mondiale après le meurtre de l'Africain-Américain George Floyd par un policier, puis le mouvement antiraciste mondial Black Lives Matter. Pour Angela Davis, l'ampleur de cette mobilisation démontre que les brutalités racistes de la police existent dans le monde entier, et requièrent en retour une solidarité mondiale, un changement profond, notamment en ce qui concerne le financement et le fonctionnement de la police.

« Sachez une chose. Je connais mes droits[88] »

Angela Davis connaît la police, les systèmes carcéraux et le traitement infligé aux femmes noires, en particulier ; son expérience directe de la prison, dans les années 1970, nourrit sa réflexion sur l'abolitionnisme carcéral.

Après un séjour à Paris et une année d'études à Francfort, en Allemagne, elle est de retour aux États-Unis en 1967 et travaille à un doctorat en philosophie à la prestigieuse université de Californie, sous la direction du philosophe allemand Herbert Marcuse. Le mouvement de libération noir a beaucoup progressé en son absence. En 1968, elle adhère au Che-Lumumba Club, la cellule des activistes noirs du parti communiste à Los Angeles, qui s'est donné pour but d'introduire les idées marxistes dans la lutte de libération des Noirs. Elle rejoint également l'organisation noire révolutionnaire les Black

Panthers, où elle travaille notamment à organiser une mobilisation de masse en faveur de la libération de Huey P. Newton, un militant accusé du meurtre d'un policier. En 1969, son engagement communiste lui vaut de perdre sa charge d'enseignement en philosophie à l'université à deux reprises, une sanction soutenue par le gouverneur et futur président des États-Unis, Ronald Reagan.

Sa vie bascule en août 1970. Depuis le début de l'année, elle milite pour la libération des « frères de Soledad », George Jackson, John Clutchette, Fleeta Drumgo, tous trois accusés du meurtre d'un garde de la prison de Soledad. Le 7 août, Jonathan Jackson, 17 ans, le frère de George Jackson, fait irruption dans le tribunal de Marin County pendant un procès ; il distribue des armes et menace le tribunal d'une carabine qui appartient à Angela Davis (elle s'en sert comme protection face aux menaces constantes qu'elle reçoit). Jonathan Jackson, le juge et deux autres personnes sont tués dans la fusillade qui s'ensuit. Angela Davis, considérée comme complice, part en cavale. Recherchée pour meurtre et enlèvement pendant plus de deux mois, elle est arrêtée à New York le 13 octobre 1970 puis incarcérée en Californie.

La prison devient pour elle un lieu et un thème d'activisme centraux pendant sa détention. Les enjeux politiques du monde carcéral lui sautent aux yeux, à commencer par le taux d'incarcération des populations non blanches et les hiérarchies racistes de ce milieu, ainsi que le caractère profondément sexiste et déshumanisant de cette institution, où les seuls appareils électriques des détenues sont un lave-linge, un sèche-linge, un fer et une table à repasser, tandis que la lecture est perçue comme une activité hautement subversive. Face au harcèlement que lui infligent les autorités de la prison, elle riposte inlassablement en affirmant ses droits et en exigeant qu'ils soient respectés.

Pendant ce temps, dans le monde entier, une mobilisation extraordinaire s'organise pour elle. Des pétitions réclament la libération de cette jeune femme qui risque la peine de mort « pour avoir protesté contre l'injustice et tout simplement pour ce qu'elle est : un être humain[89] ». Les signataires s'insurgent contre la liberté sous caution qui lui est refusée, semble-t-il en raison du fait qu'elle est noire, de « son appartenance au parti communiste, de sa défense ferme des droits des détenus et des prisonniers politiques[90] ». Le célébrissime groupe de rock anglais The Rolling Stones a composé la chanson « Sweet Black Angel » (« Doux ange noir ») en hommage à son combat, où revient le refrain : *But she keep on pushing* (« Elle continue sa lutte »).

Et c'est vrai : elle fait preuve de beaucoup de courage et d'ingéniosité, par exemple en utilisant des codes secrets avec le médecin de la prison pour échapper à l'espionnage des gardes. Un entretien filmé en prison la montre, sereine et convaincue, réaffirmant la nécessité de révolutionner les structures économiques et de mettre à bas l'édifice politique existant pour créer un monde où les gens peuvent vivre et s'aimer[91].

« Je ne suis pas une féministe. Je suis une révolutionnaire noire »

Lorsque arrive finalement son procès en mars 1972, au terme d'une instruction particulièrement longue, il est clair pour tous qu'elle est jugée pour les événements du tribunal de Marin County, mais tout autant parce qu'elle est une intellectuelle noire communiste. Les chefs d'accusation retenus, pour meurtre, complot et enlèvement, sont tous passibles de la peine de mort. Elle finit cependant par être acquittée en juin 1972, par un jury entièrement blanc. Elle est devenue une icône du combat pour les droits civiques.

L'épreuve de la prison ne fera qu'enrichir sa pensée et son aura de militante, ce qui ne surprend guère puisqu'elle a toujours défini la révolution comme un engagement à vie, fait « d'efforts persistants, méthodiques et collectifs pour organiser les masses dans l'action », et certainement pas un bref engouement avant de se ranger[92]. Après sa libération, elle revient à l'enseignement et à la politique. Elle occupe plusieurs postes, puis est nommée professeure à l'université de Santa Cruz, où elle est aujourd'hui professeure émérite, titulaire de la chaire présidentielle en études africaines-américaines et féministes, au terme d'une carrière prolifique et engagée.

Sa pensée traverse les époques sans perdre de sa pertinence ni de sa cohérence. L'articulation problématique entre femmes, race et classe, pour reprendre le titre de son célèbre ouvrage de 1981, en est un axe central. Commentant la défaite de Hillary Clinton, candidate malheureuse des démocrates à la présidence des États-Unis en 2016, contre Donald Trump, Davis l'impute à « [sa] conception petite-bourgeoise du féminisme, qui n'a pas parlé à la majorité des gens, et encore moins à la majorité des femmes. Clinton aurait pu apprendre beaucoup de la notion d'intersectionnalité[93] ».

Davis se montre très critique face au féminisme centré sur le concept du « plafond de verre » arrêtant les femmes dans leur itinéraire professionnel, et rappelle que « [l]es combats féministes ne consistent pas à intégrer les sphères du pouvoir économique et politique, mais à transformer la société », en luttant contre le racisme et l'islamophobie, dans une perspective internationaliste et marxiste qui met au centre la justice sociale. Or, selon elle, le « féminisme blanc et bourgeois », qui est le plus représenté aujourd'hui, passe sous silence la contribution majeure de femmes de couleur qui ont transformé le féminisme ; il est enraciné dans l'idée de hiérarchie, puisque celles qui occupent déjà une position suffisamment élevée pour se heurter à ce plafond sont probablement blanches et en tout cas à l'aise au point de vue financier.

L'ère des femmes

C'est donc un féminisme qui renforce les privilèges existants, au détriment des femmes « de classes ouvrières, pauvres, les femmes trans, de couleur, queers, indigènes », alors que « l'espoir révolutionnaire se trouve précisément parmi ces femmes qui ont été abandonnées par l'histoire et qui font maintenant entendre leurs exigences ». En d'autres termes, « si l'on n'inclut pas la justice raciale et la justice économique, alors la justice de genre ne peut exister »[94]. Pour l'universitaire Tina Harpin, par ces positions, Angela Davis « incarne ainsi un féminisme noir historique auquel elle a contribué et qui vit toujours, mais elle le dépasse aussi en se postant à l'avant-garde d'un féminisme révolutionnaire radical[95] ».

C'est un message d'émancipation intégrale que continue de porter Angela Davis, qui souligne l'importance de comprendre les liens multiples et complexes pour se libérer d'un monde soumis à la domination des hommes, à la domination européenne et américaine, et à celle du capitalisme. Cela exige aussi de reconnaître que nos outils d'analyse sont inadaptés, à commencer par le concept de révolution, qui doit être compris dans un sens beaucoup plus large. C'est avant tout aux femmes que revient cette mission révolutionnaire ; nous vivons donc dans « l'ère des femmes[96] ».

BIBLIOGRAPHIE INDICATIVE

Davis (Angela), *Autobiographie*, Paris, Albin Michel, 1975, traduit de l'anglais (États-Unis) par Cathy Bernheim.

Davis (Angela), *Femmes, race et classe*, Paris, Éditions des femmes-Antoinette Fouque, 2020 (1983), traduit de l'anglais (États-Unis) par Dominique Taffin et le collectif de traduction des Éditions des femmes.

Les 343 signataires du manifeste pour la légalisation de l'avortement

> Un million de femmes se font avorter chaque année en France. Elles le font dans des conditions dangereuses en raison de la clandestinité à laquelle elles sont condamnées, alors que cette opération, pratiquée sous contrôle médical, est des plus simples.
> On fait le silence sur ces millions de femmes.
> Je déclare que je suis l'une d'elles. Je déclare avoir avorté.
> De même que nous réclamons le libre accès aux moyens anticonceptionnels, nous réclamons l'avortement libre[97].

Si ce n'était pour son importance historique, on hésiterait presque à commenter le célèbre « Manifeste des 343 » publié le 5 avril 1971 dans le magazine *Le Nouvel Observateur*, tant ce texte se suffit à lui-même. Peu surprenant, puisque sa publication est le fruit d'un mouvement social important et de la colère bouillonnante face à ce que subissent les femmes qui veulent mettre un terme à une grossesse non désirée.

Il a aussi été écrit par la grande philosophe féministe Simone de Beauvoir, déjà autrice en 1949 du célèbre essai *Le Deuxième Sexe*. Les deux pages du manifeste déclinent un argumentaire percutant pour les droits des femmes, qui intègre de nombreux thèmes de justice sociale. Ainsi, les très sarcastiques « Dix Commandements de l'État bourgeois » qui le concluent épinglent les motifs invoqués pour interdire l'avortement et les intentions réelles qu'ils dissimulent. Ceux-ci vont du militarisme d'État (« Fœtus tu préserveras, car plus intéressant de les tuer à 18 ans, âge de la conscription. Grand besoin tu en auras car politique impérialiste tu poursuivras ») à la profonde injustice de classe de l'avortement et la façon dont elle pénalise les plus démunies : « Particulièrement sévère seras avec femelles pauvres ne pouvant aller en Angleterre [où l'avortement est légal]. »

L'hypocrisie de l'interdiction de l'avortement et du contrôle des naissances se retrouve ailleurs : « Toi-même contraception utiliseras, pour envoyer rares enfants à Polytechnique ou l'ENA parce qu'appartement 10 pièces seulement. » Ce thème va être au cœur de la bataille pour la légalisation.

Un document légal singulier

Le Manifeste est une pétition qui appelle à légaliser l'avortement. Les noms de signataires célèbres, comme Simone de Beauvoir, les actrices Catherine Deneuve, Delphine Seyrig ou Anne Wiazemsky, sautent aux yeux, mais aussi le fait que « la liste de signatures est un premier acte de révolte », comme l'explique le texte. En effet, l'avortement étant alors illégal pour l'écrasante majorité des femmes (puisqu'il n'est autorisé que pour des raisons strictement médicales), déclarer avoir avorté comme le font les 343 signataires revient à s'accuser du délit d'avortement et donc à se rendre passible de poursuites judiciaires. Cet aspect fait partie intégrante de la stratégie du pavé dans la mare du Manifeste. Imagine-t-on arrêter Catherine Deneuve ?

Cependant, comme le souligne l'historienne Catherine Valenti, les signataires les plus connues, tout en faisant acte de solidarité et en sortant l'avortement du tabou et de la honte par leur participation, n'ont guère à subir toutes les conséquences de la signature ; les signataires inconnues, elles, n'y échapperont pas, dans leur vie intime comme professionnelle[98]. Tout aussi remarquables, les signatures, après de longues tractations, de militantes du Mouvement de libération des femmes (MLF), l'organisation féministe qui depuis 1970 occupe le devant de la scène par des actions chocs pour rendre visibles les femmes, et qui était initialement opposée au manifeste.

Lorsque paraît le Manifeste, l'accès à l'avortement reste réprimé par une loi datant de 1920 qui l'encadre et qui condamne non seulement le fait d'avorter, mais aussi toute « propagande anticonceptionnelle », c'est-à-dire toute diffusion d'informations sur l'avortement. Depuis 1923, les cas d'avortement sont tranchés par des juges professionnels, plus stricts que les jurys populaires. Pendant la Seconde Guerre mondiale, pratiquer un avortement est passible de la peine de mort. En 1970, les procès contre les femmes qui avortent et celles et ceux qui pratiquent ces avortements continuent, même si la loi est appliquée de façon moins sévère. Les médecins pratiquant des avortements pour des motifs non thérapeutiques encourent de nombreuses sanctions, dont la radiation et l'interdiction d'exercer leur métier. Aux conséquences légales s'ajoutent pour les femmes qui avortent d'innombrables risques, médicaux (infections sévères et parfois mortelles, mutilations et stérilisations forcées, douleurs intenses) ainsi qu'au travail et dans leur cercle familial et social.

En 1967, après des années de pression, la loi Neuwirth a légalisé la contraception, mais de façon très limitée : elle est avant tout considérée comme un moyen d'éviter les avortements clandestins, plutôt qu'une façon de garantir le droit des femmes à disposer librement de leur corps. Les mineures doivent avoir l'autorisation de leurs parents et les contraceptifs restent payants. La pilule contraceptive est très peu utilisée car la mise en application de la loi se fait très lentement. Elle est de plus fortement dosée et entraîne une prise de poids qui rebute beaucoup d'utilisatrices potentielles. Les projets de réforme de l'avortement envisagés continuent quant à eux de mettre en avant l'avortement pour motif thérapeutique.

La situation évolue cependant sur des fronts multiples, dans le climat d'émancipation individuelle et collective qui fait suite aux révoltes de Mai 68. À partir de 1972, des médecins ainsi que des groupes d'activistes pratiquent plus ou moins ouvertement les avortements Karman, une méthode moins traumatique d'avortement par aspiration.

Le procès de Bobigny

Une des signataires du Manifeste joue un rôle déterminant dans le processus de libéralisation de l'avortement : l'avocate Gisèle Halimi qui, lors du double procès de Bobigny de 1972, démontre l'injustice et l'absurdité de la législation existante. L'accusée du premier procès de Bobigny est Marie-Claire Chevalier, une lycéenne de 16 ans qui a avorté après un viol, et qui est relaxée à l'issue du procès. Le second procès est celui des quatre adultes jugées pour « complicité d'avortement », dont la mère de Marie-Claire Chevalier.

Gisèle Halimi y livre un réquisitoire contre la loi de 1920, qu'elle décrit comme « la pierre de touche de l'oppression qui frappe les femmes. C'est toujours la même classe, celle des femmes pauvres, vulnérables économiquement et socialement, cette classe des sans-argent et des sans-relations qui est frappée[99] ». Le droit à l'avortement est indispensable en l'absence de toute contraception et de véritable éducation sexuelle. L'interdiction de l'avortement touche aux droits fondamentaux des femmes : « A-t-on encore, aujourd'hui, le droit, en France, dans un pays que l'on dit "civilisé", de condamner des femmes pour avoir disposé d'elles-mêmes ou pour avoir aidé l'une d'entre elles à disposer d'elle-même ? » L'acquittement partiel des adultes porte un coup sévère à la loi répressive, dont les jours sont désormais comptés.

Vers la légalisation

En février 1973 est publié un nouveau manifeste, dans *Le Nouvel Observateur* et le quotidien *Le Monde*. Il est signé par 331 médecins qui déclarent avoir pratiqué des avortements sur des patientes et réclament la modification de la loi de 1920 pour que l'avortement devienne un acte médical normal. La même année est créé le MLAC (Mouvement pour la liberté de l'avortement et de la contraception), qui, fort de ses 15 000 adhérents aux profils et aux horizons politiques divers, joue un rôle décisif dans la campagne pour la libéralisation de l'avortement.

Le président Valéry Giscard d'Estaing, élu en 1974, avait promis pendant sa campagne un projet de loi sur l'avortement. Ce travail législatif débute véritablement le 26 novembre 1974, avec le discours historique de la ministre de la Santé Simone Veil à l'Assemblée nationale. Elle y annonce sa détermination à voir aboutir le projet de loi, tant la loi répressive existante est dépassée dans la pratique, impossible à appliquer et injuste. Le vote est très houleux, mais finalement, la loi Veil légalisant l'IVG est promulguée le 17 janvier 1975. Elle autorise pour une période de cinq ans l'interruption volontaire de grossesse, avec des conditions nombreuses. Elle vient compléter un élargissement de la loi Neuwirth qui rend la contraception libre et gratuite. Comme le souligne le livre *Ne nous libérez pas, on s'en charge*, « [l]es mobilisations féministes ont donc contribué à faire du problème de l'avortement une question de femmes qui concerne avant tout les femmes[100] ».

On l'aura compris, malgré le rôle déterminant de plusieurs femmes de premier plan (en particulier Simone Veil) et des 343 « salopes » signataires du Manifeste, comme les avait surnommées *Charlie Hebdo*, le processus de légalisation est collectif de bout en bout. Il se joue sur des fronts multiples, que ce soit dans les pratiques médicales, les associations militantes, par les signatures de manifestes, dans les grands procès et à l'Assemblée nationale.

« Un enfant si je veux, quand je veux »

L'histoire de la légalisation de l'avortement en France est similaire à celle d'autres pays occidentaux, et commence par la révolte et la mobilisation contre la criminalisation de l'avortement et la stigmatisation des femmes qui avortent clandestinement, avec tous les risques que cela entraîne.

C'est dans les décennies 1960-1970 que débute un processus de légalisation qui reste encore fragile. La Grande-Bretagne a précédé de loin la libéralisation en France, avec l'Abortion Act (Loi sur l'avortement) de 1967. Aux États-Unis, en 1973, au terme de six années de libéralisation de l'avortement dans différents États, l'arrêt Roe v. Wade de la Cour suprême protège le droit à l'avortement au niveau fédéral ; cependant, les luttes autour de ce droit n'ont jamais vraiment cessé et constituent une ligne de division idéologique profonde dans le pays, comme en témoigne l'annulation de Roe v. Wade en 2022. L'Europe du Sud suivra, bien plus tard. Après l'Italie en 1978, en Espagne l'avortement a été dépénalisé en 1985 puis légalisé en 2010. Il a fallu attendre 2007 au Portugal, et 2018 en Irlande. En Pologne, ce droit est aujourd'hui en grave régression et l'avortement est de nouveau quasiment interdit.

Ces restrictions sont une conséquence d'idéologies conservatrices, du poids de la religion catholique dans certains pays, et de la progression des idées populistes et d'extrême droite ; elles s'appuient sur des angoisses « déclinistes » de dépopulation et sur la volonté de contrôler les femmes puisque, comme le disait le Manifeste : « Je ferai un enfant si j'en ai envie, nulle pression morale, nulle institution, nul impératif économique ne peut m'y contraindre. Cela est mon pouvoir politique. » Les détracteurs de l'avortement ont aussi de nouveaux outils redoutables à leur portée, comme la complicité des plateformes en ligne telles que Facebook et TikTok, qui peuvent partager des données et conversations privées ou censurer les informations favorisant l'accès à l'avortement. Et bien sûr, le droit à l'avortement ne constitue pas une garantie absolue, car il faut aussi que les personnes souhaitant avorter puissent exercer ce droit, en ayant accès aux soins dans le respect du secret médical, sans risque d'agression ni de harcèlement, et que les financements et les infrastructures soient disponibles.

En 2023, l'avortement reste complètement interdit dans une douzaine de pays et 41 % des femmes vivent dans des pays où l'accès à l'avortement est interdit ou restreint[101]. Le diagnostic du Manifeste des 343, qui voyait dans l'interdiction de l'avortement une violation du droit fondamental des femmes à disposer de leur corps, conserve une actualité brûlante.

BIBLIOGRAPHIE INDICATIVE

« 1971, le Manifeste des 343 », *Les manifestes qui ont changé le monde*, France Culture, 26 juillet 2023, https://www.radiofrance.fr/franceculture/podcasts/la-culture-change-le-monde/1972-le-manifeste-des-343-6695944

« Histoire des débats sur la contraception et l'interruption volontaire de grossesse en France », *Les Nuits de France Culture*, 21 janvier 2023 (2000), https://www.radiofrance.fr/franceculture/podcasts/les-nuits-de-france-culture/concordances-des-temps-les-debats-sur-la-contraception-et-l-interruption-volontaire-de-grossesse-8848950

Laffitte (Adeline), Strag (Hélène) et Duphot (Hervé), *Le Manifeste des 343. L'histoire d'un combat*, Paris, Hachette, 2020.

Pavard (Bibia), *Si je veux, quand je veux. Contraception et avortement dans la société française (1956-1979)*, Rennes, Presses universitaires de Rennes, « Archives du féminisme », 2012.

Phoolan Devi, la reine des bandits indiens

La vie tragique de Phoolan Devi, morte assassinée avant même ses 40 ans, est pétrie de violences : celles qu'elle subit dès sa petite enfance, puis celles qu'elle inflige en retour. Il est difficile de concevoir la brutalité et l'oppression dans lesquelles elle a vécu, en raison de son genre (féminin), de sa classe sociale (inférieure) et de sa caste, mais aussi de son intelligence et de sa capacité de résistance. Son parcours, de l'indigence absolue à une carrière politique nationale et un statut mythique de vengeresse des pauvres, invite également à réfléchir au sort des femmes indiennes des castes « inférieures », au croisement d'oppressions multiples.

Née dans un petit village de l'État d'Uttar Pradesh, au nord-est de l'Inde, Phoolan Devi appartient à la caste dite inférieure des Mallah. Sa famille vit dans une misère noire : le quotidien de la petite Phoolan consiste à ramasser et modeler des bouses de vache qui sont utilisées en hiver pour chauffer la bâtisse rudimentaire où habite sa famille. Son monde est fait de peurs, de rites étouffants et des brimades constantes que lui infligent sous le moindre prétexte sa mère et diverses figures du village. Elle est la deuxième de quatre filles, dans un pays où avoir une fille s'apparente à une malédiction, en raison des dots exorbitantes attendues par les belles-familles lors d'un mariage ; le secret d'une famille heureuse, explique Phoolan, serait d'avoir une fille et quatre garçons[102].

Très tôt, elle s'élève contre les injustices dont elle et sa famille sont victimes, à commencer par le vol par son oncle puis son richissime cousin d'un héritage qui aurait permis à la famille Devi de vivre dignement. Contrairement à son père, gentil mais soumis, Phoolan refuse de se laisser exploiter et ne cesse de réclamer ce qui appartient à sa famille, cette défiance perpétuelle lui vaut bientôt une mauvaise réputation de rebelle dans son village. En réalité, elle est tout simplement lucide concernant la corruption, l'arbitraire et les injustices terribles qui l'entourent, surtout en raison de son sexe. Comme elle l'écrira plus tard dans son autobiographie : « Une fille n'existe pas sans son père, son frère, son oncle ou son mari, n'importe quel homme appartenant à sa famille [...]. Elle ne peut pas marcher seule dans la rue et, si elle n'est pas mariée, elle est impure, maudite[103]. »

Le mariage forcé d'une fillette

Elle a de fait bien raison de se sentir menacée : après un énième revers financier, ses parents la marient à Putti Lal, un veuf brutal et tyrannique de trois fois son âge, en échange d'une vache et d'un vélo. Elle a 11 ans. Putti Lal la force à quitter sa famille pour habiter dans son village, où elle est traitée en esclave domestique et sexuelle. Elle échappe de peu à une tentative de viol et parvient à s'enfuir et rentrer chez ses parents. Malgré les tortures qu'elle a subies, son retour est mal vu par tous. Accusée de vol par son cousin, elle est emprisonnée et violée, avec la complicité entière de la police.

Au désespoir de ses parents, il est impossible après ce premier mariage de lui trouver un nouveau mari. Sans la protection d'un homme, elle est complètement vulnérable aux yeux de tous, et notamment de son cousin qui continue de la maltraiter pour la punir d'avoir osé réclamer l'héritage qui revenait à sa famille. Loin de susciter la moindre compassion ou une velléité de justice, les viols répétés et violences constantes qu'elle subit la déshonorent aux yeux de sa communauté et même de ses parents.

La vie parmi les bandits

En 1979, une bande de bandits, des dacoïts, kidnappe Phoolan et l'entraîne dans sa tournée de vols et de viols d'une brutalité extrême. À elle aussi, le chef de gang Baboo fait subir trois jours de viols. Sa fuite a fait d'elle une hors-la-loi aux yeux de la société, mais son sort correspond à une réalité beaucoup plus simple et terrible : celle d'une femme de caste inférieure qui subit la violence patriarcale et tente de survivre. Ayant échappé de justesse à un mariage forcé avec Baboo, elle est sauvée lorsque Vikram, son lieutenant, tue Baboo et prend la tête du groupe. Vikram est un homme ambigu, mais grâce à lui pour la première fois, Phoolan découvre la gentillesse, l'amour et une certaine forme de pouvoir.

Désormais, avec Vikram et leur bande de dacoïts, la jeune femme pille les villages des castes supérieures et des grands propriétaires terriens. Elle exerce des violences (notamment des castrations) sur les hommes coupables de crimes sexuels. Un de ses premiers gestes est de contraindre son cousin à rendre à ses parents une partie de l'argent qu'il a usurpé. Elle se venge aussi de Putti Lal en le brutalisant mais sans le tuer, avec un message clair : quiconque essaie de marier de force une enfant fera face à des conséquences terribles. Le premier homme qu'elle tue est de ceux qui ont organisé son viol collectif par la police.

Ainsi naît et se propage la légende de Phoolan Devi. Armée d'un fusil (fait rarissime pour une femme, même parmi les dacoïts), elle va de cachette en cachette. Elle est « la reine des bandits », recherchée activement par la police, qui offre une rançon pour sa capture. Mais ce que la police qualifie de crime, pour elle, est tout le contraire : « Il n'y a pas de justice pour les filles comme moi, la seule chose à faire avec ces bâtards, c'est d'écraser leurs serpents, pour qu'ils ne puissent plus jamais s'en servir. Ce sera ma justice[104]. »

Vers le massacre de Behmai

Cette étrange embellie est de courte durée, car des chefs de gang rivaux menacent Phoolan et les siens. Phoolan et Vikram étant de caste inférieure, les hiérarchies de caste jouent contre eux, même parmi les hors-la-loi. Après une première tentative d'assassinat qui échoue de peu, Vikram est finalement tué par Shri Ram, un prétendant à la tête du gang ; Phoolan, qui n'a alors que 18 ans, a déjà vécu plusieurs vies. Pendant trois jours, Shri Ram et ses hommes lui font subir une revanche d'une insoutenable violence, à laquelle elle survit presque miraculeusement. Cette épreuve est un tournant dans sa vie, car elle reprend force et courage grâce à son identification à la déesse indienne Durga, symbole de force contre l'ennemi, qui se venge de ses tortionnaires et qui va l'accompagner pendant tout le reste de sa vie.

Remise, elle reprend sa tournée de voleuse justicière, aux côtés d'une nouvelle bande qui mène une vie à la Robin des bois et pratique une justice de punition et de redistribution, en volant les riches pour aider les démunis. Devenue célèbre dans tout le pays, Phoolan est désormais crainte et respectée parmi les dacoïts et les classes populaires, et une héroïne des pauvres d'Inde. Elle suscite la terreur parmi les classes dirigeantes et possédantes, en alerte face à cette révolte des intouchables.

Sa légende est scellée par le massacre de Behmai, qui fait d'elle la femme la plus recherchée du pays, sous la double identité d'une déesse et d'une dacoït. Ayant appris que Shri Ram et ses acolytes ont prévu d'assister à un mariage dans le village de Behmai, elle s'y rend aussi, avec le projet de se venger de ses tortionnaires et de l'assassinat de Vikram. Le 14 février 1981, ses compagnons auraient ainsi massacré dans ce village 22 hommes qui refusaient de leur livrer Shri Ram et son frère. Elle prend la fuite et, pendant deux ans de cavale, parvient à filer entre les doigts de la police.

En février 1983, des problèmes de santé la forcent à négocier sa reddition avec la Première ministre Indira Gandhi. Elle n'a que 21 ans. Elle rend les armes devant une image de la déesse Durga, avec des conditions strictes : ne pas être condamnée à la peine de mort, que son père reçoive une parcelle de terre, et son frère, un poste de fonctionnaire. Pas moins de 30 000 personnes seraient venues la voir se rendre avec les quelques membres restants de son groupe de bandits, et 300 agents de police auraient été mobilisés.

Une dacoït en politique

Elle reste en prison pendant onze ans, durant lesquels il semble qu'elle ait subi des violences gynécologiques, en particulier une hystérectomie non consentie sous prétexte de traiter un kyste ovarien. À sa libération, en février 1994, elle entre en politique, d'abord au niveau régional puis au Parlement national, la Lok Sabha, sous la bannière d'un parti socialiste de l'Uttar Pradesh. Son élection est un moment de triomphe pour les populations marginalisées de tout le pays, et cette nouvelle carrière est accueillie comme le signe d'un grand changement politique pour les Mallah. Après un mandat au Parlement entre 1996 et 1998, elle perd son siège puis le regagne en 1999.

Elle est encore députée lorsqu'elle est assassinée devant sa maison à New Delhi, le 25 juillet 2001, par trois balles dans la tête, en représailles au massacre de Behmai. Les deux tireurs masqués s'échappent ensuite en voiture. Seul l'un d'entre eux sera finalement condamné pour ce meurtre.

Sa mort renforce sa légende, construite à travers le cinéma, la peinture, la presse. Outre les zones d'ombre qui l'entourent et les débats sur ses prises de position politiques, cette célébrité a des effets ambigus : souligner sa valeur et faire d'elle une représentante de toutes les femmes comporte le risque de nier la complexité et la singularité de l'expérience des femmes indiennes, au profit d'une figure quasi mythique.

Un autre écueil serait de sublimer par un récit de rédemption les violences bien réelles qu'elle a exercées, même si celles-ci reflètent les oppressions multiples et les brutalités extrêmes dont elle a dû se libérer. En fin de compte, elle se livre à une contestation de l'ordre politique et social qui la déshumanise en raison de son sexe et de sa caste : son parcours interroge les liens entre l'injustice sociale, économique et culturelle, et un parcours individuel de libération qui exige la violence.

BIBLIOGRAPHIE INDICATIVE

Devi (Phoolan), avec la collaboration de Marie-Thérèse Cuny, *Moi Phoolan Devi, reine des bandits*, Paris, Fixot, 1996.

Pia Klemp ou le « délit de solidarité » en Méditerranée

« Les frontières extérieures de l'Europe sont les plus meurtrières au monde. Ce n'est ni un secret ni une surprise. C'est délibéré », explique la capitaine de navire allemande Pia Klemp[105]. Voilà plusieurs années qu'elle porte secours à des personnes qui risquent leur vie en tentant de traverser les eaux méditerranéennes dans des embarcations de fortune, souvent après des mois ou des années d'errances et de tortures pour arriver là.

Même si les dangers encourus par Pia Klemp sont sans commune mesure avec ceux qui menacent les personnes qui entreprennent cette traversée souvent mortelle, elle aussi prend des risques importants ; en effet, aux yeux de la loi, elle se rend ainsi coupable d'aider l'immigration clandestine. Mais, aux yeux de nombreux citoyens, c'est une activiste féministe, antifasciste et antiraciste qui fait acte de courage et de solidarité au cœur du drame qui se joue aux portes de l'Europe.

Une histoire en chiffres et en dates.

Des dizaines de milliers de personnes

Tel est le nombre approximatif de personnes qui, chaque année, essaient de traverser la Méditerranée dans des bateaux rudimentaires et surchargés en espérant gagner l'Europe, au péril de leur vie. Ce sont les protagonistes de cette histoire, et les plus difficiles à entendre car ils et elles sont contraints à la clandestinité et maintenus dans l'anonymat à chaque étape de leur parcours[106]. Comme l'explique Pia Klemp, il ne faut surtout pas tomber dans le « complexe du sauveur blanc » en mettant au centre de prétendus héros occidentaux secourant des personnes défavorisées. Sa conception de son travail est radicalement opposée à de tels discours : « Je ne suis pas une humanitaire. Je ne suis pas là pour “aider”. Je suis solidaire à tes côtés. Nous n'avons pas besoin de médailles. Nous n'avons pas besoin de pouvoirs décidant qui est un “héros” et qui est “illégal”. En fait, il n'y a pas lieu de faire cela, car nous sommes tous égaux[107]. »

Ce mouvement migratoire s'accélère depuis l'année 2010. À partir de 2015-2016, les États de l'Union européenne, soucieux d'apparaître fermes sur la question de l'immigration, ont durci leur politique migratoire, et ont mis en œuvre une politique de « négligence stratégique » face aux bateaux en détresse à partir de 2017. La politique de la plupart des pays européens consiste à décourager autant que possible les nouveaux arrivants et à repousser les bateaux, quitte à mettre leurs passagers en danger ou à les laisser mourir. Les opérations de sauvetage officielles menées par les États et les organisations internationales sont freinées, les routes maritimes les plus empruntées et les plus dangereuses sont désertées ; les bateaux interceptés sont renvoyés vers la Libye, où leurs passagers retombent dans les mains des passeurs et des milices, et sont détenus dans des conditions inhumaines.

Au moins 27 700 personnes ont ainsi perdu la vie en mer Méditerranée entre 2014 et 2023, une estimation minimale qui n'inclut pas ceux qui ont trouvé la mort avant d'avoir pu même entreprendre cette traversée, ou qui ne sont pas comptés. La non-assistance à personne en danger est devenue la norme, en violation du principe de non-refoulement de la convention de Genève sur le statut des réfugiés (1951), qui interdit de les renvoyer vers des pays où ils risquent d'être persécutés.

Vingt ans de prison et 15 000 euros par personne secourue

En août 2017, le bateau de sauvetage *Iuventa* est saisi pour avoir enfreint le « code de conduite » adopté par l'Italie la même année. Ce code, qui a été renforcé en 2023, vise à limiter les sauvetages en Méditerranée en durcissant les conditions d'intervention et en prévoyant des sanctions pour les navires humanitaires (amendes, immobilisation forcée dans les ports). Pia Klemp, qui a participé à deux de ces missions en 2017, fait partie des 10 personnes accusées d'aide à l'immigration illégale à la suite de la saisie du *Iuventa*.

Engagée pour l'environnement, elle est arrivée dans le monde de la navigation par sa formation en biologie marine ; devenue capitaine, elle considère que le sauvetage en mer est simplement son devoir[108]. L'ONG Iuventa revendique une vocation humanitaire explicitement politique, qui exprime l'espoir d'un monde plus juste en manifestant des solidarités entre Européens et réfugiés. Avant sa saisie, en 16 missions, l'équipage du *Iuventa* a secouru 175 bateaux et 23 810 personnes, et recueilli à son bord plus de 14 000 personnes. L'équipage du navire et les volontaires ont traité

4 800 personnes souffrant de déshydratation, de problèmes importants de circulation, d'hypothermie, de brûlures graves et de complications de grossesse[109]. Pour cela, Pia Klemp a encouru jusqu'à vingt ans de prison et une amende très lourde, avant l'abandon des charges en 2024, au terme d'une longue procédure judiciaire.

Sea-Watch 3

Le *Sea-Watch 3*, affrété par l'ONG allemande Sea Watch à partir de 2017 et dont Pia Klemp est l'une des capitaines, est un autre bateau de sauvetage en mer. Il fonctionne comme une sorte de « boîte noire » (comme celle des avions) pour porter témoignage sur ces lieux dangereux en haute mer où les journalistes vont rarement, et montrer aux populations d'Europe ce qui s'y passe, et que nous préférons ne pas voir. Depuis 2017, les autorités italiennes ont confié au gouvernement libyen le contrôle des circulations en mer Méditerranée ; or, sous couvert de lutte contre la traite d'humains, il s'agit en réalité d'empêcher les personnes en migration d'atteindre les eaux européennes. Cela implique notamment d'entraver autant que possible le travail d'organisations comme Sea Watch en employant des milices libyennes qui brutalisent et exploitent les personnes en détresse.

2019

Fidèle à ses principes, Pia Klemp refuse la médaille Grand Vermeil de la Ville de Paris que la maire Anne Hidalgo voulait lui attribuer, avec la capitaine allemande Carola Rackete, elle-même arrêtée en 2019 pour avoir sauvé 40 réfugiés en pénétrant « illégalement » dans les eaux italiennes avec le *Sea-Watch 3*, s'exposant ainsi à une amende de 50 000 euros. Pia Klemp explique en ces termes son refus de recevoir cette distinction honorifique :

> Madame Hidalgo, vous voulez me décorer pour mon action solidaire en mer Méditerranée, parce que nos équipages travaillent quotidiennement à sauver des migrants dans des conditions difficiles. Simultanément votre police vole les couvertures de gens contraints de vivre dans la rue, pendant que vous réprimez des manifestations et criminalisez des personnes qui défendent les droits des migrants et des demandeurs d'asile. Vous voulez me donner une médaille pour des actions que vous combattez à l'intérieur de vos propres remparts. Je suis sûre que vous ne serez pas surprise de me voir refuser votre médaille Grand Vermeil[110].

488 755

C'est le nombre de signataires de la pétition qui demandait l'abandon des poursuites contre Pia Klemp, en date du 25 juillet 2023, et qui témoigne de l'existence d'un vrai soutien populaire pour son travail et, peut-on supposer, pour la solidarité avec les personnes en migration[111]. La ville de Bonn, dont elle est originaire, a aussi lancé la Pia-Bier, une bière vendue pour lever des fonds en vue du procès du *Iuventa*.

2022

C'est le début du procès du *Iuventa* : Pia Klemp et neuf autres membres de l'équipage étaient poursuivis pour « assistance à l'immigration clandestine », en complicité avec les passeurs libyens. Ironie acide, cette peine était encourue parce que l'équipage du *Iuventa* avait respecté le droit international en secourant des individus en grave danger. Pia Klemp risquait une peine de prison particulièrement élevée en raison du nombre très important de personnes qu'elle a aidées[112], une corrélation aussi absurde que cruelle. Les critiques ont ainsi dénoncé ce procès comme une mascarade publique et politique visant à dissuader les activistes des droits humains, malgré la relaxe d'avril 2024, tandis que continuent la criminalisation et la mise en danger de celles et ceux qui sont souvent désigné·es par le terme stigmatisant de « migrants ». Pia Klemp dit aussi être surveillée par les milieux d'extrême droite depuis des années.

2020

« Bonjour Pia, j'ai appris ton histoire en lisant la presse. Tu déchires. Je suis un artiste britannique et certaines de mes œuvres parlent de la crise migratoire, évidemment je ne peux pas garder l'argent. Pourrais-tu l'utiliser pour acheter un nouveau bateau, ou un truc comme ça ? Dis-moi ce que tu en penses. Bravo, Banksy[113]. »

C'est ainsi que le célébrissime et néanmoins anonyme street artiste britannique Banksy a sollicité Pia Klemp pour prendre la tête d'un nouveau navire. En août 2020 a donc lieu le premier voyage du navire humanitaire *Louise-Michel*, affrété par Banksy. Sa double mission est de secourir les personnes en détresse dans les eaux méditerranéennes et d'arrêter les interceptions des autorités libyennes. Le nom du navire rend hommage à la révolutionnaire internationaliste et féministe Louise Michel (1830-1905). Communarde, anarchiste et exilée, Louise Michel a dénoncé les frontières et l'État ; cette référence inscrit ainsi la solidarité avec les réfugiés dans la longue durée de la lutte contre la fermeture des frontières.

L'équipage du *Louise-Michel* rejette l'expression « recherche et sauvetage » souvent utilisée pour décrire le travail de ce type de navire, car elle implique une démarche verticale et caritative ; les termes égalitaires « solidarité et résistance » sont préférés. Celles et ceux qui participent à la mission du navire entendent « résister aux structures de pouvoir discriminatoires du nationalisme, du racisme, du patriarcat et du capitalisme », et défendre les principes du féminisme, de l'antiracisme et de l'antifascisme. Louise Michel n'aurait pas dit mieux.

C'est également une initiative novatrice sur le plan technique, puisque la rapidité de ce nouveau bateau lui permet de prendre de vitesse les navires des autorités libyennes, ce qui n'est d'ordinaire pas à la portée des bateaux utilisés par ces groupes civils. Mais sans surprise, 2020 est aussi l'année où le bateau est interdit de navigation, là encore au nom de la répression légale du secours aux embarcations en détresse. Le *Louise-Michel* a cependant pu mener de nouvelles opérations de sauvetage en 2022 et en 2023, ou y contribuer, avant d'être à nouveau suspendu après avoir enfreint une nouvelle loi en Italie qui interdit les interventions multiples sans retour au port, et qui a pour but de forcer les navires à limiter le temps passé en mer.

Plus de 250

C'est le nombre de personnes qui en 2019 faisaient l'objet de poursuites judiciaires dans différents pays européens en raison de leur soutien matériel aux réfugiés. Le simple fait d'offrir à boire ou à manger, de donner un abri, de secourir des personnes échouées après un voyage très éprouvant, quand elles ont tout laissé derrière elles, peut entraîner des poursuites. Des gestes d'humanité et de solidarité élémentaire sont ainsi criminalisés.

« On ne peut pas accueillir toute la misère du monde », entend-on souvent dire, pour justifier la dureté des politiques d'accueil européennes actuelles. Pia Klemp, elle, propose et met en pratique une vision radicalement différente : « Ce dont nous avons besoin, c'est de liberté et de droits. Il est temps de dénoncer les honneurs hypocrites et de combler le vide par la justice sociale. Il est temps que toutes les médailles soient lancées comme des fers de lance de la révolution ! Papiers et logements pour toutes et tous[114]. »

BIBLIOGRAPHIE INDICATIVE

Diaz (Delphine), *En exil. Les réfugiés en Europe de la fin du XVIIIe siècle à nos jours*, Paris, Gallimard, 2021.

Hayden (Sally), *Bienvenue aux enfers*, Paris, Buchet-Chastel, 2024.

Klemp (Pia), « Why I fight for Solidarity », TED Talk, 2019.

« Migrantes et combattantes. Par-dessus les frontières, des luttes de femmes en exil ». Une création de Charlotte Bienaimé. Un podcast à soi n° 36, 2022, ARTE Radio Podcast.

Ni Una Menos et les mobilisations féministes en ligne

C'est un féminicide qui a dynamisé l'une des plus importantes mobilisations féministes contemporaines : Ni Una Menos. En mai 2015, dans le nord-est de l'Argentine, est découvert le corps de Chiara Páez, 14 ans, enterré sous le patio de la maison familiale de son petit ami. Ce dernier finira par reconnaître l'avoir tuée après avoir tenté de la faire avorter de force, car elle était enceinte et voulait garder ce bébé. La mort de Chiara Páez fait écho à celles de tant d'autres femmes : en 1994 déjà, la gravité des violences de genre et des féminicides en Amérique latine avait abouti à une intervention des pouvoirs publics et à l'adoption d'une « Convention interaméricaine sur la prévention, la sanction et l'élimination de la violence contre la femme ».

Depuis des années, des collectifs et mouvements protestent contre les violences de genre. Mais la colère face à cette situation intolérable, la conscience que les féminicides sont un problème public et collectif, ainsi que le potentiel inédit de mobilisation des réseaux sociaux ont changé la donne. Le mouvement mondial Ni Una Menos, né en Amérique latine avant de traverser les frontières, symbolise une forme inédite d'activisme qui, dit-on parfois, représente une nouvelle ère du féminisme, et en tout cas une façon nouvelle de faire de la politique.

#NiUnaMenos

Une réaction massive suit le meurtre de Chiara Páez. Le 3 juin 2015, sous la pluie, des dizaines de manifestations monstres se tiennent dans toute l'Argentine, pour dénoncer les violences de genre et réclamer justice. Cette mobilisation historique a déjà un slogan : *Ni Una Menos*, une expression signifiant « Pas une [femme] de moins ». Elle s'étend très vite à l'ensemble du continent latino-américain (notamment en Uruguay, au Chili, Brésil, Mexique, Pérou) puis en Europe, et devient bientôt un mouvement. En quelques années, de vrais résultats sont obtenus dans la lutte contre les violences de genre et la sensibilisation de nouveaux publics.

En Argentine, le mouvement est parvenu « à faire de la cause des droits des femmes une priorité du discours politique[115] » et à arracher des mesures exigées depuis longtemps : création d'un Bureau d'avocats offrant une aide spécialisée et gratuite aux victimes de violences conjugales, registre unique des féminicides, création d'un centre pour la collecte et l'analyse des statistiques relatives aux féminicides. En décembre 2018, la Chambre des députés d'Argentine a approuvé la loi Micaela (nommée en référence à une victime de féminicide), qui oblige tous les fonctionnaires à suivre une formation sur les violences subies par les femmes. Après plus de quinze ans de campagne, l'avortement non thérapeutique a été légalisé en décembre 2020. Les violences de genre restent cependant à des niveaux catastrophiques : en

2022, en Argentine, une femme est tuée toutes les 29 heures, le plus souvent chez elle et par un homme qu'elle connaît[116], et la pandémie de coronavirus a aggravé la situation sur tout le continent.

Ni Una Menos se mue en mouvement de masse après l'élection de Donald Trump à la présidence des États-Unis en 2016. Il se définit comme un mouvement non violent, non hiérarchique et souple dans son organisation, dont la stratégie est avant tout fondée sur le langage et la communication, mais qui capte l'attention par l'efficacité de ses campagnes et le fait qu'il « ne s'autorise de personne ». C'est à la fois « un hashtag, le nom d'un collectif, le nom d'un mouvement social plus vaste, une utopie, un mot-clé, un mot de passe, une déclaration de solidarité, et un cri de guerre collectif[117] ». L'intersectionnalité est au cœur de cette mobilisation, puisque le mouvement se revendique des « femmes, lesbiennes, personnes trans, corps féminins du monde entier », pour propager « le virus de la défiance »[118], et remet en question toutes les formes d'exploitation, de racisme et de cruauté, au nom d'une éthique féministe. « Nous faisons grève contre l'appropriation de nos corps et nos territoires, contre l'emprise de la finance sur nos existences », déclarent des activistes. Deux revendications sont restées fondamentales depuis l'émergence du mouvement : éradiquer les violences de genre et faire respecter les normes et conventions internationales pour les droits humains[119].

Un féminisme intersectionnel et connecté

Les réseaux sociaux ont bouleversé l'activisme féministe au cours des dix dernières années. Le mouvement #MeToo (ou sa version française, #BalanceTonPorc) en est un exemple frappant, qui dénonce les violences sexistes dans d'innombrables domaines et milieux professionnels, comme le cinéma, le théâtre, la bande dessinée, etc. Lorsque ce hashtag a fait irruption sur Twitter, en 2017, il a été utilisé plus de 1,7 million de fois en moins d'un mois, dans 85 pays différents[120], ce qui témoigne d'un impact mondial. On parle parfois d'une « quatrième vague féministe », définie par cette présence des femmes sur les réseaux sociaux pour « s'exprimer, informer, se rendre visible[s], alerter les médias, recruter et sensibiliser le public à leur cause[121] », relayée par des mobilisations de rue et le militantisme associatif, politique, etc. Les principaux thèmes de cette quatrième vague sont la protestation contre la culture du viol, les féminicides, le harcèlement de rue, les avortements dangereux et la défense des droits reproductifs, la mise en cause des rôles familiaux et genrés traditionnels. L'intersectionnalité et notamment la solidarité LGBTQ+, ainsi que la lutte contre toutes les formes d'exploitation, de racisme et de cruauté sont au cœur de ces préoccupations.

Comme le souligne la chercheuse Shruti Jain, les réseaux sociaux ouvrent un vaste champ d'action pour les militantes : ils rendent possibles des mobilisations plus inclusives et facilitent la communication et l'organisation entre le niveau local et le niveau mondial. Ce cyberféminisme a aussi des limites, notamment car l'espace numérique est un terrain fertile pour le sexisme, le harcèlement et la désinformation[122]. De plus, si les réseaux permettent d'entendre des voix marginalisées, en particulier grâce à l'anonymat qui pour beaucoup reste un impératif de sécurité, ils amplifient avant tout la parole de femmes déjà influentes.

Il ne faut pas non plus sous-estimer les fractures numériques, car les technologies en ligne et les réseaux sociaux sont loin d'être accessibles à toutes. Les écarts générationnels sont importants, puisque les plus jeunes sont plus connectées.

Les intérêts divergent aussi : l'égalité salariale ou la sécurité dans l'espace public ne sont pas des préoccupations centrales pour les femmes qui n'ont pas accès aux denrées de base ni aux droits les plus fondamentaux, et les discriminations intersectionnelles restent trop peu prises en compte[123]. Bref, il faut toujours garder à l'esprit « les absentes de cette conversation mondiale[124] ».

On ne peut non plus tenir pour acquise l'équivalence entre une prise de parole individuelle et un mouvement de masse vraiment subversif ; le risque est de pratiquer le « clicktivisme » (faire de l'activisme en cliquant, par exemple en signant des pétitions en ligne) ou le *slacktivism* (activisme mou, au sens où il requiert peu d'implication active et de participation directe), en relayant des campagnes suivies et médiatisées mais sans grand effet, dépourvues d'impact radical et d'un véritable objectif de justice sociale. Les mobilisations sur les réseaux sociaux doivent donc au minimum s'intégrer dans une stratégie plus globale, appuyée sur des modes d'action qui interpellent et une réflexion sur les méthodes employées, à commencer par leurs propres hiérarchies implicites et les dynamiques d'exclusion qu'elles comportent.

Reprendre la nuit et l'espace public

La liberté de se promener dans la rue et la sécurité physique sont des revendications récurrentes du féminisme contemporain. Les mobilisations hybrides qu'elles suscitent, à la fois en ligne et dans l'espace public, sont un exemple de campagne complexe dans ses modes d'action et ses références, qui réactive des revendications plus anciennes, avec des inflexions différentes selon les lieux. Par-delà la diversité des situations et des niveaux de danger, la prégnance de ce thème montre que l'intégrité physique des femmes dans leur quotidien est toujours menacée, de même que leur droit à jouir de l'espace public. Ce fait est au cœur de la stratégie de Ni Una Menos, qui a adopté l'idée d'une grève des femmes comme journée d'action mondiale pour prendre le contrôle des rues et démontrer que les femmes ne sont pas des victimes.

La première grève générale du mouvement a eu lieu le 8 mars 2017, cette fameuse journée internationale des droits des femmes dont Alexandra Kollontaï fut l'une des instigatrices. Cinquante-cinq pays y participent. Cette démarche de réappropriation symbolique et surtout physique de l'espace public s'inscrit dans des traditions militantes plus anciennes, en particulier le mouvement Reclaim the Night (ou Take Back the Night ; littéralement, « Reprends la nuit ») lancé en Europe, en Australie et en Amérique du Nord dans les années 1970, qui organisait des marches nocturnes pour protester contre les violences faites aux femmes. Ces marches sont associées à d'autres initiatives, dont des cellules de soutien contre le viol et des abris pour les femmes fuyant les violences conjugales. C'est déjà une mobilisation plus globale contre la culture du viol.

Cette bataille continue et évolue, alors que des tragédies rappellent sans cesse l'urgence de réaffirmer ce droit à la sécurité, à la ville, à l'espace. À New Delhi, en Inde, en 2012, c'est le viol de Jyoti Singh, 23 ans, par six hommes, dans un bus, alors qu'elle rentrait du cinéma avec un ami. Cette agression est si violente qu'elle décède de ses blessures deux semaines plus tard. Des peines exceptionnellement dures ont été requises contre ses agresseurs, mais des lois plus sévères contre les violences sexuelles se font désespérément attendre. On retrouve le thème de la sécurité physique dans l'espace public avec le projet #WhyLoiter (« Pourquoi flâner ») en Inde : des femmes partagent des photos de leurs promenades assorties du hashtag #WhyLoiter, pour mettre en avant leur présence dans l'espace public, renverser la domination masculine qui y règne et se le réapproprier[125].

En Suède, les marches de Take Back the Night se veulent une démonstration solidaire de confiance, de reconquête et d'occupation collective de l'espace, ainsi qu'un défi aux définitions normatives du féminin qui déterminent où les femmes peuvent aller ou pas. Ces marches féministes ont pris une dimension antiraciste en 2014, après l'agression de marcheuses par des néonazis[126]. En France et dans différents pays européens essaiment les groupes de colleuses d'affiches qui dénoncent les féminicides, les violences de genre et familiales, et inscrivent un message de solidarité intersectionnelle dans l'espace collectif.

En Grande-Bretagne, l'agression et le meurtre de Sarah Everard dans les rues de Londres, alors qu'elle rentrait chez elle après une soirée chez une amie en mars 2021, ont mis le feu aux poudres lorsqu'il a été révélé que son meurtrier était un policier. Pire, tandis qu'une veillée pacifique publique se tenait quelques jours plus tard, la police a brutalisé celles qui étaient venues rendre hommage à Sarah Everard, en se justifiant par le non-respect des règles de distanciation sociale imposées pendant cette période de pandémie. Celles et ceux qui participaient à cette veillée se sont même vu infliger un procès et des amendes, ce qui revient à criminaliser ces mobilisations pacifiques et légales. Le hashtag #ReclaimThe Night a été utilisé en solidarité avec Sarah Everard et pour exiger une fois de plus ce droit à la sécurité nocturne. Depuis ce meurtre, de nombreux cas de violences sexistes et d'agressions par des policiers ont été mis au jour ; l'impunité reste entière.

BIBLIOGRAPHIE INDICATIVE

Collages féminicides Paris, *Notre colère sur vos murs*, Paris, Denoël, 2021.

Jouët (Josiane), Niemeyer (Katharina) et Pavard (Bibia), « Faire des vagues. Les mobilisations féministes en ligne », *Réseaux*, vol. 1, n° 201, 2017, p. 21-57.

Taraud (Christelle) (dir.), *Féminicides. Une histoire mondiale*, Paris, La Découverte, 2022.

CONCLUSION

DES HISTOIRES, UNE HISTOIRE

Le regard sur les deux longs siècles écoulés depuis la Révolution française fait apparaître tous les combats qui ont été menés et, souvent, gagnés : droit de voter, de participer à la démocratie, de s'affranchir du joug colonial, de vivre de façon digne, de disposer de son corps, de ne pas subir de violences sexistes ou racistes, d'apprendre et d'étudier, d'inventer son propre destin. L'activisme féminin se distingue par la pluralité, l'inventivité et l'inclusivité de ses engagements, et la conscience des liens entre les différentes formes de libération, qui est par exemple au cœur des engagements des collectifs féministes intersectionnels contemporains. On comprend l'annonce, par Angela Davis, de « l'ère des femmes » à l'avant-garde des luttes futures, justement en raison des oppressions multiples qu'elles subissent.

Il reste bien d'autres combats, à commencer par la sauvegarde de ces progrès arrachés de haute lutte et, surtout, la possibilité que toutes et tous puissent en jouir, à une échelle vraiment mondiale. Les histoires présentées ici, dans leur diversité, racontent *une* histoire, de progrès, vers davantage d'organisation et des mobilisations plus larges dans leurs revendications comme dans leur étendue géographique, et qui, souvent, furent couronnées de succès. Cette histoire suit plus ou moins la chronologie établie du mouvement féministe en vagues, dont la première fut centrée sur l'obtention de droits politiques et la quatrième, en cours, trouve une incarnation puissante dans les mobilisations en ligne et les revendications intersectionnelles évoquées à travers Ni Una Menos.

C'est une grille de lecture qui semble peu polémique, mais qui a pour effet d'imposer une logique de progrès linéaire sur le chaos de l'histoire et de l'actualité, et qui reflète une trajectoire et des préoccupations qui sont avant tout celles des démocraties occidentales. Ainsi, la lutte des femmes iraniennes qui dure depuis 2022, dans un climat de violence et de répression sidérantes, s'accommode mal de ces catégorisations ; rappelons que son élément déclencheur a été la mort de Mahsa Amini, 22 ans, en garde à vue, après son arrestation pour avoir enfreint le code vestimentaire imposé aux Iraniennes, car son hijab était mal ajusté. En Afghanistan, le retour au pouvoir des talibans après le retrait des troupes américaines en 2021 a entraîné l'effondrement du taux de scolarisation des filles puis l'imposition de normes vestimentaires et de comportement d'une dureté stupéfiante, qui reviennent à faire disparaître les femmes de l'espace public.

Dans toutes les guerres, les femmes sont les premières victimes des attaques contre la population civile, et les premières à subir les violences que déchaînent les conflits, qu'il s'agisse de mutilations, de viols ou de meurtres. Dans le monde entier, les luttes pour la justice économique et pour les droits démocratiques et reproductifs continuent. Tout en reconnaissant les progrès obtenus, il importe de toujours garder à l'esprit les répressions et régressions violentes, les simultanéités et les retours en arrière dans ces luttes enchevêtrées, souvent isolées ou méconnues, qui constituent l'histoire toujours en cours des révolutions.

Les luttes retracées ici ont eu des ambitions universalistes et plus spécifiquement féminines. En ce sens, il ne s'agit pas de révolutions « féminines » à strictement parler, sauf peut-être dans le cas d'Alexandra Kollontaï, des 343 signataires ou des Mujeres Libres, dont le programme émancipateur était porté par les femmes, pour les femmes – et même contre les mouvements révolutionnaires jugés sexistes. Si l'on renverse la question de l'articulation entre femmes et révolutions, il devient évident que le féminisme, lui, a une histoire révolutionnaire, puisque du droit de vote en Grande-Bretagne à la contraception et à l'avortement, les grands changements pour transformer la condition féminine ont souvent été arrachés par l'illégalité ou la violence. Celles-ci sont constitutives des processus révolutionnaires et de contestation sociale, et leur récurrence n'a rien de surprenant, même si leur charge polémique semble accrue lorsqu'elles sont exercées par des femmes.

Les portraits présentés dans ce livre montrent qu'être une femme engagée n'est jamais anodin, et que cela implique des prises de position sur le genre. Si cet aspect reste une constante depuis les invectives et maltraitances infligées à Théroigne de Méricourt, le statut complexe de la féminité et des interrogations sur le corps mérite d'être souligné, car nombre d'activistes ont su en faire une arme efficace. Les suffragettes l'ont déployée sur un mode spectaculaire et sacrificiel, annonçant des formes de protestation très actuelles. Djamila Bouhired et Angela Davis ont mis en scène leur féminité – ou d'autres l'ont fait pour elles. De Jeanne Deroin à Lina Odena et de Qiu Jin à Phoolan Devi, la subversion des rôles de genre a marqué les esprits. Si de telles problématisations ne sont pas l'apanage des femmes (puisque la construction du charisme politique est toujours genrée, souvent au profit du masculin), elles possèdent leurs propres modalités, ainsi qu'une forte charge subversive, dès lors que la féminité est en jeu.

Il est bien sûr tentant pour conclure de partir en quête d'éventuelles leçons, et surtout de redonner la parole à ces militantes qui ont réfléchi à leur activisme et l'ont éprouvé, et ont souvent formulé une philosophie de la lutte particulièrement précieuse au regard des crises multiples de notre temps. Ce n'est pas un paradoxe que de boucler notre parcours biographique en soulignant l'importance du collectif. Nicole Muchnik, qui joua un rôle décisif dans l'écriture et la publication du manifeste des 343, le rappelle joliment : « J'ai toujours pensé que c'est par la base que surviennent les grands changements de société. Lorsqu'on s'allie, alors, oui, on peut[127]. »

NOTES

1. Mathilde Larrère, *Guns and Roses. Les objets des luttes féministes*, Paris, Éditions du Détour, 2022, p. 174.

2. Théroigne de Méricourt, *Discours prononcé à la Société fraternelle des minimes*, 1792, p. 3.

3. *Ibid.*, p. 3.

4. Mary Wollstonecraft, *Défense des droits de la femme ; ainsi que quelques critiques portant sur des sujets politiques et moraux*, in *Mary Wollstonecraft : aux origines du féminisme politique et social en Angleterre* [en ligne], Lyon, ENS Éditions, 2015, http://books.openedition.org/enseditions/5437

5. Dominique Godineau, « De la guerrière à la citoyenne. Porter les armes pendant l'Ancien Régime et la Révolution française », *Clio* [en ligne], 20, 2004, http://journals.openedition.org/clio/1418

6. Théroigne de Méricourt, *Discours prononcé à la Société fraternelle des minimes*, *op. cit.*, p. 6-7.

7. *Id.*, citée dans « Théroigne de Méricourt, l'amazone de la Révolution française », *Autant en emporte l'histoire*, 2020, https://www.radiofrance.fr/franceinter/podcasts/autant-en-emporte-l-histoire/theroigne-de-mericourt-l-amazone-de-la-revolution-francaise-7544572

8. « Décret de la Convention nationale. Pour congédier des Armées les femmes inutiles », Paris, Imprimerie nationale exécutive du Louvre, 1793, p. 1.

9. Dominique Godineau, « De la guerrière à la citoyenne », art. cité.

10. Jules Michelet, *Les Femmes de la Révolution*, Paris, Adolphe Delahays, 1855 (1854), p. 110.

11. Charles Baudelaire, « Sisina », *Les Fleurs du mal*, Paris, Poulet-Malassis et de Broise, 1861 (1857), p. 137-138.

12. Maria Janion, « Pourquoi la Révolution est-elle une femme ? », *Revue européenne des sciences sociales*, vol. 27, n° 85, 1989, p. 165-177, p. 173 pour cette citation.

13. Kate Clifford Larson, « Harriet Ross Tubman Timeline », *Meridians: Feminism, Race, Transnationalism*, vol. 12, n° 2, 2014, p. 9-27.

14. Jenny Bourne, « Slavery in the United States », E.H.net.

15. Harriet Tubman, *Mémoires. Inclut : Harriet, la Moïse noire*, Paris, Payot & Rivages, « Petite Bibliothèque Payot », 2022, p. 28. Traduit de l'anglais (États-Unis) par Françoise Bouillot.

16. Janell Hobson, « Between History and Fantasy: Harriet Tubman in the Artistic and Popular Imaginary », *Meridians: Feminism, Race, Transnationalism*, vol. 12, n° 2, 2014, p. 50-77, en particulier p. 57.

17. Angela Davis, *Autobiographie*, Paris, Albin Michel, 1975, traduit de l'anglais (États-Unis) par Cathy Bernheim, p. 83.

18. Cité par Adrien Ranvier, « Une féministe de 1848 : Jeanne Deroin », *Revue d'histoire du XIXe siècle-1848*, vol. 25, 1908, p. 421-430, p. 428.

19. Michèle Riot-Sarcey, « L'utopie de Jeanne Deroin », *1848. Révolutions et mutations au XIXe siècle*, n° 9, 1993, *Utopies au XIXe siècle*, p. 29-36.

20. *L'Opinion des femmes*, 1er mai 1849, non paginé (n. p.).

21. *Ibid.*, 10 avril 1849, n. p.

22. *Ibid.*, 1er mai 1849, p. 4.

23. *Le Peuple*, 12 avril 1849, p. 1.

24. *L'Opinion des femmes*, 1er mai 1849, p. 10.

25. Jeanne Deroin, *Association fraternelle des démocrates socialistes des deux sexes pour l'affranchissement politique et social des femmes*, Paris, Imprimerie de A. Lacour et Cie, p. 3-4.

26. https://maitron.fr/spip.php?article29854, notice DEROIN Jeanne, Françoise, notice revue et complétée par Michèle Riot-Sarcey.

27. *Jersey Independent and Daily Telegraph*, 2 octobre 1862.

28. Voir par exemple *L'Éclair*, 8 avril 1894, p. 1.

29. « An Exile's Death », *Morning Leader*, 9 avril 1894. Sauf mention contraire, toutes les traductions de l'anglais ont été réalisées par l'autrice.

30. Julia Bush, « The Anti-Suffrage Movement », *British Library*, 2018.

31. Jilly Boyce Kay et Kaitlynn Mendes, « Gender, Media and Protest », *Media History*, vol. 26, n° 2, 2018, p. 137-152.

32. June Purvis, « Remembering Emily Wilding Davison (1872-1913) », *Women's History Review*, vol. 22, n° 3, 2013, p. 353-362, p. 353.

33. Christine Bard, « "Mon corps est une arme", des suffragettes aux Femen », *Les Temps modernes*, vol. 2, n° 678, 2014, p. 213-240.

34. Catherine Gipoulon, *Qiu Jin. Pierres de l'oiseau Jingwei. Femme et révolutionnaire en Chine au XIXe siècle*, Paris, Éditions des femmes, 1976, p. 27.

35. Brigitte Duzan, « *Qiu Jin*, 1875-1907. Présentation », http://www.chinese-shortstories.com/Auteurs_de_a_z_Qiu_Jin.htm

36. Catherine Gipoulon, *Qiu Jin. Pierres de l'oiseau Jingwei*, *op. cit.*, p. 45.

37. *Ibid.*, p. 43.

38. Brigitte Duzan, « Qiu Jin », art. cité.

39. Fan Hong et J. A. Mangan, « A Martyr for Modernity: Qiu Jin. Feminist, Warrior and Revolutionary », *The International Journal of the History of Sport*, vol. 18, n° 1, 2001, p. 27-54, p. 27.

40. Brigitte Duzan, « Qiu Jin », art. cité.

41. Emma Goldman, *Vivre ma vie. Une anarchiste au temps des révolutions*, Paris, L'Échappée, 2022 (1931), traduit de l'anglais (États-Unis) par Laure Batier et Jacqueline Reuss, p. 649.

42. Taylor Sullivan, « One Hundredth Anniversary of the Brownsville Clinic. A Media Opportunity », Margaret Sanger Paper Project, 2016, https://sangerpapers.wordpress.com/2016/10/14/one-hundredth-anniversary-of-the-brownsville-clinic-a-media-opportunity/

43. Hippolyte Havel, « Biographical Sketch », introduction à *Anarchism and Other Essays* d'Emma Goldman, 1910.

44. Emma Goldman, « My Arrest and Preliminary Hearing », *Mother Earth*, mars 1916, XI, 1.

45. *Ibid.*

46. *Id.*, *Vivre ma vie*, *op. cit.*, p. 350.

47. Alexandra Kollontaï, « But et valeur de ma vie (extrait) », 1926, https://www.marxists.org/francais/kollontai/works/1926/07/but.htm

48. *Id.*, « Article autobiographique », 1925, https://www.marxists.org/francais/kollontai/works/1925/00/akoll_1925_autobio.htm

49. *Id.*, « But et valeur de ma vie », art. cité.

50. *Id.*, « Les bases sociales de la question féminine », 1909, https://www.marxists.org/francais/kollontai/works/1909/00/bases_sociales.htm

51. *Id.*, « La journée internationale des femmes », 1920, https://www.marxists.org/francais/kollontai/works/1920/00/journee_femmes.htm

52. André Pierre, « Alexandra Kollontaï, la première femme "ambassadeur" », *Le Monde diplomatique*, mai 1954, p. 8.

53. Sheila Rowbotham, *Women, Resistance and Revolution*, New York, Vintage, 1972, p. 134-169.

54. Yannick Ripa, « Féminin/masculin : les enjeux du genre dans l'Espagne de la Seconde République au franquisme », *Le Mouvement social*, vol. 198, n° 1, 2002, p. 111-127.

55. Mary Nash, « Women in War: Milicianas and Armed Combat in Revolutionary Spain, 1936-1939 », *The International History Review*, vol. 15, n° 2, 1993, p. 269-282.

56. Martha A. Ackelsberg, *Free Women of Spain. Anarchism and the Struggle for the Emancipation of Women*, Oakland, A. K. Press, 2004, p. 222.

57. *Ibid.*, p. 147-150.

58. Yannick Ripa, « Féminin/masculin », art. cité, p. 125.

59. Natalya Vince, *The Algerian War, the Algerian Revolution*, Londres, Palgrave Macmillan, 2020.

60. Georges Arnaud et Jacques Vergès, *Pour Djamila Bouhired*, Paris, Minuit, 1958, p. 10.

61. « Jacques Vergès sur Djamila Bouhired », s. d., https://www.dailymotion.com/video/x5b2zz#from=embediframe

62. Christophe Ayad, « L'aura intacte de Djamila Bouhired, héroïne de l'indépendance algérienne », *M le Mag*, 16 août 2019.

63. « Jacques Vergès sur Djamila Bouhired », *op. cit.*

64. Georges Arnaud et Jacques Vergès, *Pour Djamila Bouhired*, *op. cit.*, p. 31.

65. *Ibid.*, p. 66.

66. « Jacques Vergès sur Djamila Bouhired », *op. cit.*

67. Natalya Vince, « Colonial and Post-Colonial Identities: Women Veterans of the "Battle of Algiers" », *French History and Civilization*, vol. 2, 2009, https://h-france.net/rude/wp-content/uploads/2017/08/vol2_Vince_Final_Version.pdf, p. 157.

68. *Id.*, *Our Fighting Sisters: Nation, Memory and Gender in Algeria (1954-2012)*, Manchester, Manchester University Press, 2015.

69. Philippa Levine, « Gendering Decolonisation », *Histoire*@Politique, vol. 11, n° 2, 2010.

70. Mary Anne Lewis Cusato, « The Djamila Phenomenon: How the Confinement of Two Algerian Revolutionaries Was Translated for a French and Global Public, 1956-1962 », *The Journal of the Midwest Modern Language Association*, vol. 54, n° 2, 2021, p. 121-156.

71. Camille Renard, « Djamila Bouhired, l'icône des révoltes algériennes », France Culture, 7 mars 2019, https://www.radiofrance.fr/franceculture/djamila-bouhired-l-icone-des-revoltes-algeriennes-3965483

72. Christophe Ayad, « L'aura intacte de Djamila Bouhired », art. cité.

73. Georges Arnaud et Jacques Vergès, *Pour Djamila Bouhired*, *op. cit.*, p. 101.

74. Sur ce sujet, voir le très beau film de Chinonye Chukwu, *Emmett Till*, 2022.

75. Phillip Hoose, *Claudette Colvin. Twice Toward Justice*, New York, Farrar Straus Giroux, 2011, p. 12.

76. *Ibid.*, p. 99.

77. Gary Younge, « She Would Not Be Moved », *The Guardian*, 16 décembre 2000.

78. Rosa Parks, *Mon histoire. Une vie de lutte contre la ségrégation raciale*, Paris, Libertalia, 2018, traduit de l'anglais (États-Unis) par Julien Bordier, p. 181-183.

79. Ariel, « On Black LGBTQ Heroes », *On Ariel's Mind*, https://onarielsmind.com/2020/06/29/on-black-lgbtq-heroes/ ; AJ, « It Wasn't No Damn Riot!': Remembering Stormé DeLarverie and Stonewall », *After Ellen*, 28 juin 2021, https://afterellen.com/it-wasnt-no-damn-riot-remembering-storme-delarverie-and-stonewall/

80. Cal Goodin, « Stormé DeLarverie. Stonewall National Monument », *National Park Service*, s. d., https://www.nps.gov/people/storme-delarverie.htm

81. James Martin, « A Different Kind of Closet: Queer Censorship in U.S. LGBTQ+ Movements since World War II », *History in the Making*, vol. 13, art. 6, 2020, https://scholarworks.lib.csusb.edu/history-in-the-making/vol13/iss1/6

82. K. Stormé DeLarverie, Stonewall Rebellion Veterans Association, s. d., https://www.stonewallvets.org/StormeDeLarverie.htm

83. C'est le titre d'un documentaire qui lui est consacré.

84. Radio Canada Info, « Racisme systémique : entrevue avec la militante Angela Davis », https://www.youtube.com/watch?v=iOcLH8f1yTA

85. Angela Davis, *Autobiographie*, Paris, Albin Michel, 1975, traduit de l'anglais (États-Unis) par Cathy Bernheim, p. 81.

86. *Ibid.*, p. 107.

87. *Id.*, « Pour détruire les racines du racisme, il faut renverser le système capitaliste », *Les Nuits de France Culture*, 22 janvier 2017, https://www.radiofrance.fr/franceculture/podcasts/les-nuits-de-france-culture/angela-davis-pour-detruire-les-racines-du-racisme-il-faut-renverser-tout-le-systeme-capitaliste-5914500

88. *Id.*, *Autobiographie*, *op. cit.*, p. 260.

89. « Petition to free Angela Davis organized by the San Antonio Committee to Free Angela Davis, signed by twelve people », https://texashistory.unt.edu/ark:/67531/metapth1261114/m1/1/

90. « People's Petition Demanding Bail For Angela Davis, National United Committee to Free Angela Davis », New York City, New York (vers 1971), https://crdl.usg.edu/record/alm_u0003-0001823_89?canvas=0&x=743&y=859&w=2385

91. Angela Davis, « What it Means to be a Revolutionary », https://www.youtube.com/watch?v=PswGxMvi2ag

92. *Ibid.*

93. « Entretien avec Angela Davis : "Les États-Unis sont en train de vivre une contre-révolution" », *Mediapart*, 2016, https://www.youtube.com/watch?v=2yGeDyqMBUw

94. « Angela Davis on Intersectional Feminism », 2018, https://www.youtube.com/watch?v=9GDjT3Fw_6w

95. Tina Harpin, « Activiste, révolutionnaire, féministe : Angela Davis et le féminisme noir », *Études littéraires africaines*, nº 51, 2021, p. 27-42.

96. « Angela Davis Criticizes "Mainstream Feminism" / Bourgeois Feminism », 2018, https://www.youtube.com/watch?v=bzQkVfO9ToQ

97. « Le "Manifeste des 343 salopes" paru dans *Le Nouvel Obs* en 1971 », *Le Nouvel Observateur*, 27 novembre 2007, https://www.nouvelobs.com/societe/20071127.OBS7018/le-manifeste-des-343-salopes-paru-dans-le-nouvel-obs-en-1971.html

98. Catherine Valenti, « 1972 : les procès de Bobigny », *Vie publique*, 16 novembre 2022, https://www.vie-publique.fr/parole-dexpert/287131-les-proces-de-bobigny-1972-pour-avortement-gisele-halimi

99. « Le procès de Bobigny : la cause des femmes. La plaidoirie de Me Gisèle Halimi », *La Grande Bibliothèque du droit*, s. d., https://www.lagbd.org/Le_proces_de_Bobigny_La_cause_des_femmes_La_plaidoirie_de_Me_Gisele_Halimi_(fr)

100. Bibia Pavard, Florence Rochefort et Michelle Zancarini-Fournel, *Ne nous libérez pas, on s'en charge*, Paris, La Découverte, 2020, p. 300.

101. Atlasocio, « Liste des États du monde selon le statut juridique relatif au droit à l'avortement », mis à jour le 14 janvier 2023, https://atlasocio.com/classements/politique/droits/liste-etats-statut-juridique-droit-avortement-monde.php

102. Phoolan Devi, avec la collaboration de Marie-Thérèse Cuny, *Moi Phoolan Devi, reine des bandits*, Paris, Fixot, 1996.

103. *Ibid.*, p. 26.

104. *Ibid.*, p. 256.

105. Pia Klemp, « Why I Fight for Solidarity », TED Talk, 2019.

106. Le documentaire *Migrantes et combattantes. Par-dessus les frontières, des luttes de femmes en exil* et le livre saisissant de Sally Hayden, *Bienvenue aux enfers* (2024), donnent la parole aux exilées ; voir la bibliographie en fin de chapitre.

107. « La réponse de la capitaine du *Sea-Watch 3* à la mairie de Paris qui voulait lui décerner une médaille », *Le Nouvel Observateur*, 21 août 2019.

108. « Captain Pia: "We are Overprivileged Europeans" », 18 décembre 2017, https://sea-watch.org/en/captain-pia-interview/

109. « Iuventa 10 Collective », https://www.frontlinedefenders.org/en/organization/iuventa-10

110. « La réponse de la capitaine du *Sea-Watch 3* à la mairie de Paris », art. cité.

111. « Stop the Prosecution of Those who are Saving Lives in the Mediterranean Sea! », https://www.change.org/p/stop-the-prosecution-of-those-who-are-saving-lives-in-the-mediterranean-sea-freepia

112. « Carola Rackete and Pia Klemp: Two German Sea Captains who Put their Duty before the Law », 1er juillet 2019, https://www.infomigrants.net/en/post/17873/carola-rackete-and-pia-klemp-two-german-sea-captains-who-put-their-duty-before-the-law

113. Cité dans Maurice Stierl, « Rebel Spirits at Sea: Disrupting EUrope's Weaponizing of Time in Maritime Migration Governance », *Security Dialogue*, vol. 54, nº 4, 2023, p. 356-373.

114. « La réponse de la capitaine du *Sea-Watch 3* à la mairie de Paris », art. cité.

115. Paulina Cohen, « Not One Woman Less: An Analysis of the Advocacy and Activism of Argentina's Ni Una Menos Movement », *UCLA Journal of Gender and Law*, vol. 29, n° 1, 2022, p. 107-146, p. 109.

116. Alyssa Bedrosian, « How #NiUnaMenos Used Discourse and Digital Media to Reach the Masses in Argentina », *Latin American Research Review*, vol. 57, n° 1, 2022, p. 100-116.

117. Cecilia Palmeiro, « Ni Una Menos and the Politics of Translation », *Spheres. Journal for Digital Cultures*, 12 mars 2020.

118. Ni Una Menos, « Call to the International Women's Strike – March 8, 2018 », *Critical Times*, vol. 1, n° 1, 2018, p. 268-269.

119. Paulina Cohen, « Not One Woman Less », art. cité, p. 117.

120. Verity Trott, « Networked Feminism: Counterpublics and the Intersectional Issues of #MeToo », *Feminist Media Studies*, vol. 21, n° 7, 2021, p. 1125-1142.

121. Josiane Jouët, Katharina Niemeyer et Bibia Pavard, « Faire des vagues. Les mobilisations féministes en ligne », *Réseaux*, vol. 1, n° 201, 2017, p. 21-57, p. 27.

122. Shruti Jain, « The Rising Fourth Wave: Feminist Activism on Digital Platform in India », *ORF Issue Brief*, n° 384, juillet 2020.

123. Ealasaid Munro, « Feminism: A Fourth Wave? », *Political Insight*, vol. 4, n° 2, 2013, p. 22-25.

124. Verity Trott, « Networked feminism », art. cité, p. 1126.

125. Shruti Jain, « The Rising Fourth Wave », art. cité, p. 6.

126. Linda Sandberg et Anna-Britt Coe, « Taking Back the Swedish Night: Making and Reclaiming Space », *Gender, Place & Culture*, vol. 27, n° 7, 2020, p. 1044-1062.

127. Adeline Laffitte, Hélène Strag et Hervé Duphot, *Le Manifeste des 343, L'histoire d'un combat*, Paris, Hachette, 2020, p. 141.

GLOSSAIRE

Abolitionnisme : doctrine qui demande l'abolition d'une loi ou d'une pratique, par exemple l'esclavage, la prostitution, le système carcéral.

Action directe : forme d'activisme fondé sur des interventions violentes, évitant les voies d'action négociées ou légales.

Activisme : mobilisation et militantisme au service d'une cause, généralement dans le domaine politique ou social.

Anarchisme : doctrine révolutionnaire visant à établir une société sans État et sans oppression.

Caste : classe sociale héréditaire, notamment en Inde, où les « intouchables » sont soumis à des discriminations particulièrement brutales. Au sens figuré, classe sociale fermée.

Collectif (nom) : groupe de militant·es réuni·es pour délibérer et agir face à des problèmes politiques ou sociaux.

Colorisme : préjugé ou discrimination à l'encontre de personnes définies par leur couleur de peau (généralement plus foncée que celle des « Blancs »).

Communisme : doctrine révolutionnaire visant la mise en commun des moyens de production et une redistribution égalitaire des richesses.

Conservateur (adj.) : personne, organisation ou parti souhaitant conserver l'ordre social existant et défendant les valeurs traditionnelles héritées du passé.

Désobéissance civile : doctrine et mode d'action politique consistant à enfreindre une loi jugée injuste.

Droits : ensemble d'attributs garantissant l'émancipation d'un individu.

Féminicide : meurtre d'une femme ou d'une fille, en raison de son sexe ou de son genre.

Féminisme : doctrine qui préconise l'égalité entre femmes et hommes, ainsi que l'extension du rôle des femmes dans la société.

Féminisme « girlboss » : tendance du féminisme contemporain centrée sur la réussite individuelle de quelques femmes plutôt que sur l'émancipation collective.

Genre : cultures et pratiques traditionnellement associées au sexe féminin ou masculin.

Homophobie : attitude d'hostilité à l'égard des personnes et des cultures homosexuelles.

Intersectionnalité : concept développé à la fin des années 1980 par l'universitaire américaine Kimberlé Crenshaw pour décrire l'imbrication et le cumul des différentes formes d'oppression (discriminations de genre, de race, de classe, etc.) et donc les luttes contre celles-ci.

Ku Klux Klan : société secrète terroriste et suprémaciste blanche fondée aux États-Unis en 1865 à l'issue de la guerre de Sécession (encore active aujourd'hui).

LGBTQ+ : acronyme renvoyant aux personnes et cultures lesbiennes, gays, bisexuel·les, trans, queers, intersexué(e)s ou asexuel(le)s. Le + englobe les nombreux autres termes désignant les genres et les sexualités alternatives.

Patriarcat : organisation sociale traditionnelle où les pouvoirs sont détenus par les pères de famille et, par extension, les hommes en général.

Populiste : désigne une figure ou un parti qui se pose en défenseur et porte-parole du « peuple » contre les « élites », en avançant des idées simplistes et démagogiques.

Queer : qui transcende les catégories traditionnelles liées au sexe ou au genre.

Racisme : attitude d'hostilité envers certaines catégories socio-ethniques.

Révolution : transformation radicale des structures politiques et sociales.

Terrorisme : action politique violente visant des innocents pour instaurer un climat de « terreur ».

Transphobie : attitude d'hostilité envers les personnes transgenres.

Virilisme : idéologie prônant le culte de la virilité et, plus largement, les valeurs liées au masculin.

REMERCIEMENTS

REMERCIEMENTS

Mes remerciements vont avant tout à Ivan Jablonka, éditeur avisé, si attentif et généreux. Je suis également reconnaissante à l'équipe du Seuil pour l'attention et le soin apportés à ce manuscrit, et en particulier à Barbara Le Goff et Estelle Roquetanière.

Merci également à Robert Kramm, Ole Birk Laursen et Pascale Siegrist pour une discussion décisive de ce projet lors d'un atelier à Munich, ainsi qu'à mes premières lectrices, Alice Brooks, Angèle David-Guillou, Elizabeth Brossard et Béatrice Bantman. Je suis une fois de plus redevable à Fabrice Bensimon pour sa relecture minutieuse.

Lena Mattheis m'a éclairée sur Stormé et Stonewall, Julia Lange a apporté à ce livre ses belles traductions et ses conseils concernant Qiu Jin, et Alice Béja, ses connaissances et commentaires perspicaces sur Emma Goldman et Margaret Sanger. J'ai eu plaisir à discuter de Phoolan Devi et de son mythe ambigu avec Oindrila Ghosh.

Je dédie ce livre à Amélie et à son amour et son sens de la justice, et à Benjamin, qui saura être un allié.

TABLE

Dans la même collection

Irène Théry
Moi aussi
La nouvelle civilité sexuelle
2022

Claire Richard
Des mains heureuses
Une archéologie du toucher
2023

Nicole Lapierre
Le Plus Menteur d'entre nous
2023

Eva Illouz, Dana Kaplan
Le Capital sexuel
2023

Constance Lagrange
Le Canari
2024

Ivan Jablonka
Le Troisième Continent
ou la Littérature du réel
2024

Sarah Al-Matary
Deux Célèbres Inconnues
Le mystère Jeanne Weil(l)
2024

RÉALISATION : NORD COMPO À VILLENEUVE-D'ASCQ
ACHEVÉ D'IMPRIMER SUR ROTO-PAGE
PAR L'IMPRIMERIE FLOCH À MAYENNE
DÉPÔT LÉGAL : FÉVRIER 2025. N° 151959 (106278)
IMPRIMÉ EN FRANCE